中国地质大学(武汉)地球科普图书创作与出版基金资助

海南岛地学旅游科考导读

HAINAN DAO DIXUE LÜYOU KEKAO DAODU

杜远生　编著

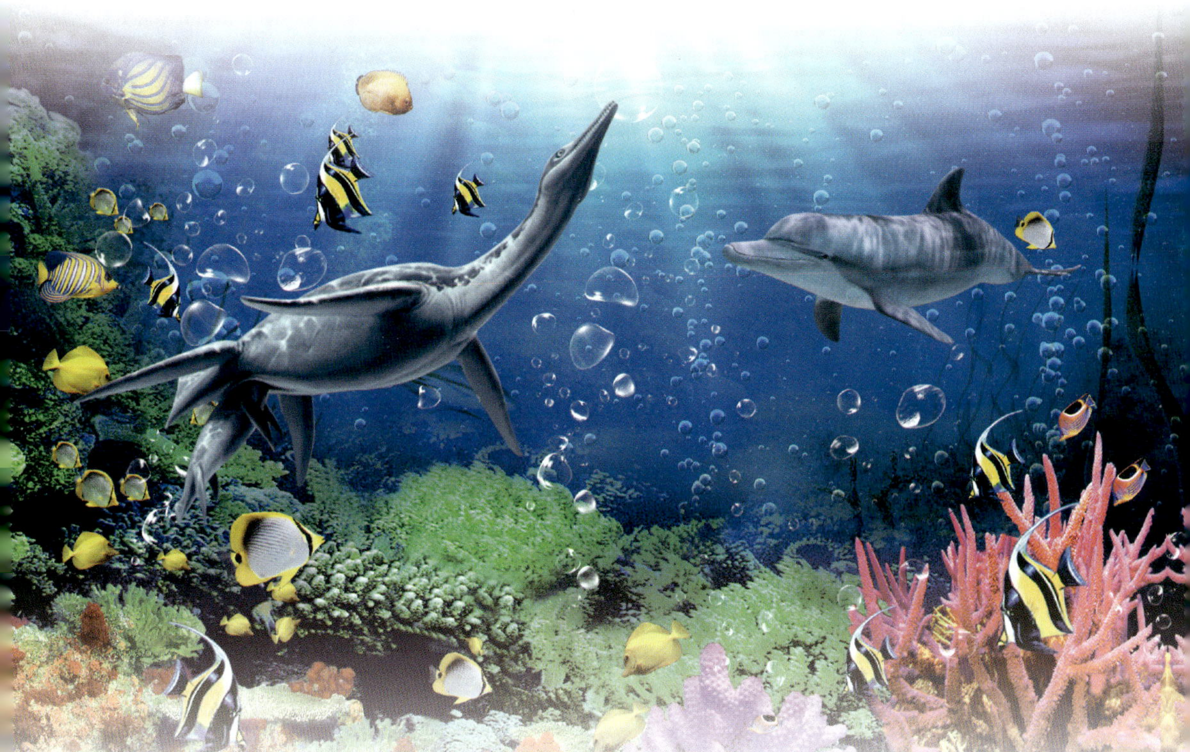

中国地质大学出版社
ZHONGGUO DIZHI DAXUE CHUBANSHE

图书在版编目(CIP)数据

海南岛地学旅游科考导读/杜远生编著. —武汉:中国地质大学出版社,2022.9
ISBN 978-7-5625-5406-6

Ⅰ.①海… Ⅱ.①杜… Ⅲ.①海南岛-旅游地学 Ⅳ.①K926.6

中国版本图书馆 CIP 数据核字(2022)第 171947 号

海南岛地学旅游科考导读		杜远生 编著
责任编辑:胡珞兰 选题策划:毕克成 段 勇		责任校对:徐蕾蕾
出版发行:中国地质大学出版社(武汉市洪山区鲁磨路388号)		邮政编码:430074
电 话:(027)67883511 传 真:(027)67883580		E-mail:cbb@cug.edu.cn
经 销:全国新华书店		http://cugp.cug.edu.cn
开本:787毫米×1092毫米 1/16	字数:176千字	印张:8.5
版次:2022年9月第1版	印次:2022年9月第1次印刷	
印刷:武汉中远印务有限公司		
ISBN 978-7-5625-5406-6		定价:38.00元

如有印装质量问题请与印刷厂联系调换

作者简介

杜远生，男，汉族，1958年元月出生，河南开封人。1978年3月考入武汉地质学院地质学专业，1982年元月毕业、留校任教。研究生学历，博士学位，中国地质大学（武汉）二级教授，博士生导师。2009年享受国务院政府特殊津贴，2013年获湖北省第三届"楚天园丁奖"。杜远生教授长期从事地质学教学和科学研究，历任中国地质学会会员、中国矿物岩石地球化学学会会员、中国矿物岩石地球化学学会古地理专业委员会委员、中国自然资源学会秦巴分会副主任委员、湖北省地质学会常务理事、湖北省古生物学会理事，《古地理学报》《地质科技通报》副主编，《地质学报》《地质论评》《地球科学》（中英文版）编委等职务。先后主编出版教材3部，出版学术专著12部，发表学术论文200余篇，包括国际学术论文70余篇。分别获国家教学成果二等奖2项，湖北省教学成果一等奖4项，湖北省人民政府、贵州省人民政府、自然资源部、中国有色地质学会、中国地质调查局科学技术一等奖3项和二等奖11项。

序

　　海南岛,犹如镶嵌在南海北部的一颗明珠。她,湛蓝的大海,银色的沙滩,绿色的热带雨林、红树林、椰林,红色的革命历史遗迹,附之于古老的火山口、陨石坑、火山喷气碟、喀斯特溶洞、花岗岩、玄武岩等丰富多彩的地质遗迹,不仅是对大众游客,也是对地学爱好者和地学工作者极具吸引力的地学旅游胜地。

　　海南岛为大众游客提供了极具特色的天然景观。沿 G98 高速公路的环岛海岸游,可以观赏开阔的银色海滩、美丽的海湾红树林、茂密的椰林,以及以海蚀柱、海蚀崖为代表的海岸带地貌景观;沿中线高速公路的生态游,可以观赏高峻的五指山脉、奇异的热带雨林、险峻的七仙岭等花岗岩峰岭。所有这些自然景观,都会带来无限的愉悦和遐想——它们是什么?如何形成的?什么时候形成的?为什么能形成?都在吸引着游客的求知欲。本书应该能够满足大众游客的好奇心,同时该书对旅居海南岛的人员购房选区也有一定的指导意义。

　　海南岛是地学爱好者科学考察的理想胜地。海南岛几乎囊括了热带亚热带生态、山地、河流、河口、海岸带所有的景观类型。本书对地学爱好者具有科学导读的价值。

　　海南岛是地学工作者的天然实验室。读万卷书不如行万里路,尤其对于沉积学专业的本科生、研究生、青年教师而言,现代沉积环境的科学观测是实践教学的重要环节。海南岛具有河流、各类河口三角洲、海滩、障壁-潟湖-沙坝、海湾潮坪等典型的沉积环境,沉积现象非常丰富,加之海南岛面积适中,交通便利,是地学类相关专业科学考察、教学实习的理想地区。

　　基于不同的读者需求,本书从海南岛的行政区划、气候、海域水文入手,扼要介绍了海南岛的地质概况和海岸带沉积的基本原理。在此基础上,以地学旅游资源为主线分别介绍了海南岛的内陆地貌和海岸带地貌。最后,重点介绍了地学类专业的科学考察和实习路线。

海南省地质局对作者在海南岛进行科学考察提供了长期的帮助,尤其是吴国爱、傅杨荣、陈沐龙、陈颖民、张小文等专家多次陪同作者进行现场考察和指导,吴国爱审阅了本书全稿并提出了珍贵的修改意见,在此致以衷心的感谢。中国地质大学出版社胡珞兰等对本书进行了认真编辑和校对。研究生王瀚文、王宇航、许灵通、赵梓渊、周锦涛、甄鑫等绘制了部分图件,在此一并表示感谢。

杜远生

2022 年 2 月

目　录

第一章　绪　论/1

第一节　海南省的行政区划/1
第二节　本书的目的和结构/2

第二章　海南岛的气候/4

第一节　海南岛气候特征/5
第二节　海南岛的气候分布特征/11
第三节　海南岛的气候宜居性/12

第三章　海南岛的海域水文/14

第一节　潮　汐/14
第二节　波　浪/16
第三节　海　流/19
第四节　海水温度、盐度/21

第四章　海南岛地质概况/22

第一节　地　层/22
第二节　岩浆岩/27
第三节　地质演化/29
第四节　海南岛的地质公园/31

第五章　海岸沉积学基础 /37

第一节　陆源碎屑海岸带环境 /37
第二节　碳酸盐海岸环境 /46
第三节　海相三角洲 /48

第六章　海南岛的内陆地貌 /59

第一节　山　地 /60
第二节　丘　陵 /62
第三节　台　地 /63
第四节　沿海平原 /64

第七章　海南岛的海岸地貌 /65

第一节　海岸带地貌相关概念 /66
第二节　海南岛的三角洲 /69
第三节　海南岛的海滩 /73
第四节　海南岛的海湾潮坪 /74
第五节　沙坝-潟湖海岸 /83
第六节　珊瑚礁和海滩岩海岸 /86
第七节　基岩海岸侵蚀地貌 /86

第八章　海南岛海岸沉积考察路线 /94

第一节　陵水清水湾低能海滩 /94
第二节　陵水新村、黎安潟湖 /101
第三节　澄迈湾（富力湾）潮坪 /111
第四节　海南昌化江三角洲 /113
第五节　碳酸盐海岸沉积 /118

主要参考文献 /124

第一章 绪 论

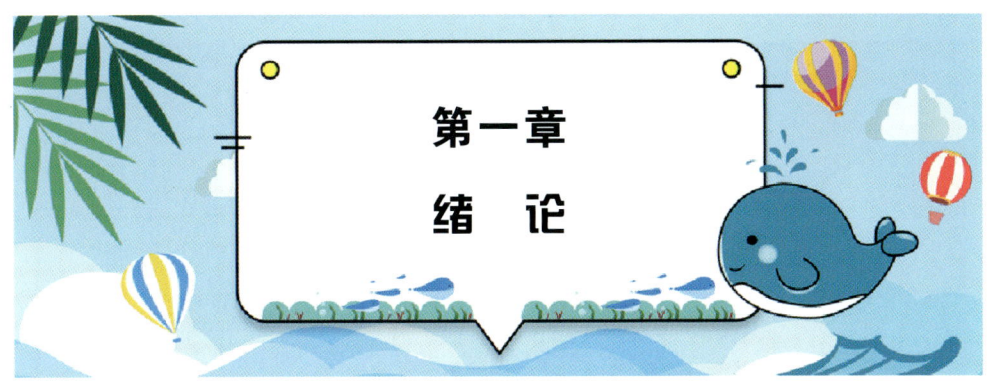

海南岛位于中国南海北部,处于北纬 18°10′—20°10′、东经 108°37′—111°03′之间的低纬度地区,热带季风海洋性气候,年平均气温高,温差较小,夏无酷热,冬无严寒,是寒冬冷湿季节宜居和休闲的胜地。海南岛中南部山区绿色的热带雨林茂密,四周海水清澈蔚蓝,绿蓝之间镶边着银色的海岸沙滩。岛上壮丽的山河、神奇的原始森林、珍稀的热带动植物、旖旎的椰风海韵形成一道道美丽的自然景观。卫星遥感图上海南岛恰似镶嵌在南海碧蓝海洋中的一颗绿色明珠。

海南岛北隔琼州海峡与广东省雷州半岛相邻,西隔北部湾与越南和中国广西壮族自治区北海市、钦州市相望。海南岛陆地平面呈雪梨状椭圆形,面积约 33 900 km²,是中国第二大岛。由于海南岛陆上茂密的热带雨林,四周海水湛蓝,又是"二十三年红旗不倒"的革命圣地,故有蓝色海南、绿色海南、红色海南之美誉。

第一节 海南省的行政区划

海南岛及南海诸岛早在先秦时期已属中原王朝。据文献记载,夏、商、周三代,海南为扬越之南裔,南海沿岸渔民已给朝廷进贡珠贝、玳瑁等土特产。秦朝在岭南设桂林、南海、象郡 3 个郡,海南属象郡之边地。秦汉之交,海南归南越国管辖。西汉武帝元封元年(公元前 110 年)在海南首置珠崖、儋耳 2 郡,辖 16 县,并把南海诸岛划入中国版图,隶属珠崖郡。此后,建置沿革迭有变更,至唐宋时期海南岛逐步形成东南西北四州格局,成为历代行政建制的基础。明代以前,海南曾隶属湖广行省和广西行省,明初始将海南改隶广东省。民国时期先后设琼崖道和海南特别行政区等机构,仍隶属于广东。

1949 年后,海南长期设立广东省的行政公署或行政区公署。1988 年 4 月 13 日,第七届全国人民代表大会第一次会议决定设立海南省和海南经济特区。现海南省辖海口、三亚、三沙、儋州 4 个地级市、15 个省直辖县级行政单位(图 1-1)。其中

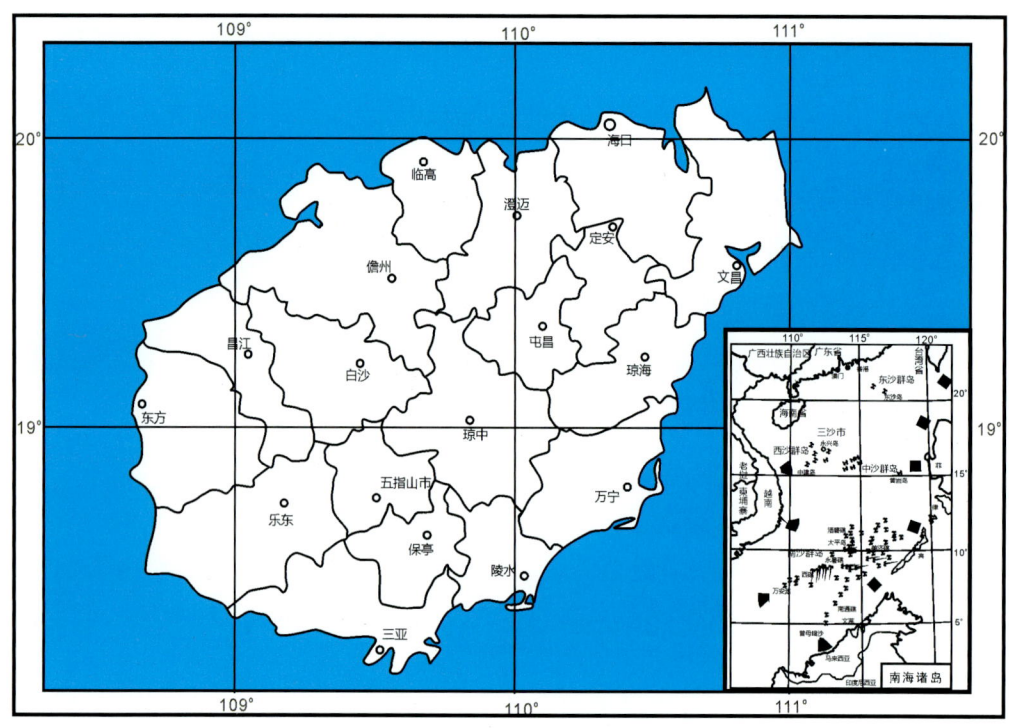

图 1-1　海南省的行政区划示意图

包括琼海市、文昌市、万宁市、东方市、五指山市 5 个县级市,定安县、屯昌县、澄迈县、临高县 4 个县,白沙黎族自治县、昌江黎族自治县、乐东黎族自治县、陵水黎族自治县、保亭黎族苗族自治县、琼中黎族苗族自治县 6 个自治县。

海南是个多民族聚居的地方,计有汉、黎、苗、回、壮、瑶等 30 多个民族。2021 年第七次人口普查全省总人口 1008 万人,其中汉族人口为 850 万人,占 84.33%;各少数民族人口为 158 万人,占 15.67%。全省旅居的归侨、侨眷有 100 多万人,是中国的主要侨乡之一。

第二节　本书的目的和结构

一、本书的目的

海南岛作为中国热带亚热带气候区的岛屿,颇受游客的青睐,同时也是中国现代海岸带地质类型最丰富的天然博物馆,是地学爱好者、沉积学工作者进行科学考察的理想地区。本书的目的包括以下 3 个方面。

1. 地学工作者的海岸带地质科考指南

海南岛沉积型海岸和基岩侵蚀海岸类型复杂。海南岛众多的河流及入海的三角洲，环岛的海滩、海湾潮坪和潟湖是类型丰富、交通便利的现代沉积天然实验室，是中国海岸带地质、海岸带现代沉积考察的理想地区。本书写作的初衷是为地学工作者和地学类专业的本科生、研究生、青年科学家提供一部现代沉积考察指南。

2. 地学爱好者和海洋青睐者的地学旅游指南

海南岛自然旅游资源丰富，是地学爱好者、海洋青睐者重要的旅游目的地。许多游客选择环岛海岸游为主要旅游线路。本书重点对海岸带地学旅游点的成因、机理进行介绍，以增加地学爱好者、海洋青睐者对海岸带地质现象的深刻理解，因此本书可以作为地学旅游爱好者、海洋旅游爱好者的旅游指南。

3. 海岛旅居者的购房、游览指南

随着人民生活水平的提高，越来越多的旅居者冬季到海南旅行或居住。本书扼要介绍了海南省的行政分区、气候特征、水文特征、内陆和海岸地貌，对旅居者了解海南岛的气候宜居性、选择居住地具有一定的指导意义。

二、本书的结构

为了适应上述目的，本书采用阶梯式编写结构，以第一、二、三章为基础部分，扼要介绍了海南岛的气候和海域水文，使读者对海南岛的气候、水文有一总体了解。第四、五章是地学专业基础部分，分别简要介绍了海南岛的地质概况和海岸带沉积学原理，为地学旅游考察打下地学专业基础。第六、七章为普通旅游资源部分，以地貌为主线，分别介绍内陆地貌和海岸地貌，适合地学爱好者和旅居者大致了解海南岛地学旅游资源的分布。第八章为海岸带现代沉积考察的路线介绍，是地学专业的学生和沉积学工作者的科学考察指南。

第二章
海南岛的气候

气候是决定自然环境最重要的因素之一。气候主要包括气温、降雨、湿度、风及其分布等指标,这些指标和纬度密切相关。

海南岛位于近赤道的低纬度地区(北纬 18°—20°),且处于南海北部,既受行星风系的东风影响,也受季风作用影响,属热带季风海洋性气候。

所谓行星风系,又称"行星风带",系指在不考虑地形起伏和海陆分布影响下全球范围盛行风带,为大气低层盛行风带的总称。行星风系是由地球上太阳辐射的不均匀性及地球自转所形成的一种理想化的大气环流形式。南、北半球各有 4 个气压带,即赤道低压带、副热带高压带、副极地低压带和极地高压带,并相应地出现了 3 个风带(统称行星风带):赤道两侧的信风带(北半球盛行东北信风,南半球盛行东南信风,又简称东风带)、中纬度地区的温带西风带、环绕极地的极地东风带。海南岛位于低纬度地区北半球东北风信风带,因此盛行东风,且台风发育(图 2-1)。

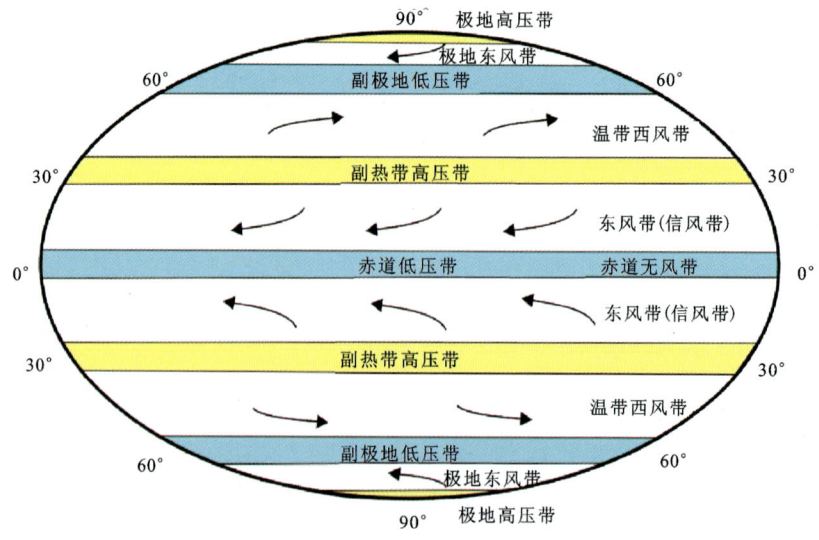

图 2-1 行星风系示意图

所谓季风气候,指受季风支配的大陆性气候与海洋性气候的混合型气候。夏季受来自海洋暖湿气流的影响,高温潮湿多雨,气候具有海洋性。冬季受来自大陆的干冷气流影响,气候寒冷,干燥少雨,气候具有大陆性。季风气候的高温与多雨时期基本一致,雨热同期,对植被和农业十分有利,因为在植被生长期,最需要水分的时候能有充足的雨水供应。海南岛北部受季风气候影响明显,与海南岛南部形成明显差别。

气候是指一个地区大气的多年平均状况,主要的气候要素包括日照、气温、降水、风等,其中降水是气候重要的一个要素。我国的降水主要是由东南季风带来的,因此我国的降水在地理空间上呈现"由东南沿海往西北内陆递减"的特征。海南岛地处南海北部低纬度热带亚热带地区,既受海洋性气候影响,又受季风气候影响,由此形成了"绿色海南"温暖湿润的气候。

第一节 海南岛气候特征

海南岛属热带季风海洋性气候。全年热量丰富,四季不太明显,冬季尚有阵寒;年总降雨量丰沛,干湿季节分明;夏秋台风多;总体呈南热北冷、东湿西干特征,中部具有一定的山区气候特色。

一、太阳辐射和日照

海南岛因地处低纬度,遭受太阳高角度直射,全年接受太阳的总辐射量大。海南岛年平均太阳辐射总量为 4600～5800MJ/m²。在地区分布上,中部山区较少,约 4600MJ/m²,西部沿海最大,为 5800MJ/m²。日照在季节分配上,一般以夏季(6—8月)最多,春季(3月)次之,秋季(9—11月)再次之,冬季(12月至次年2月)最少。全岛年平均日照时数为 2166h,其中西部沿海最多,达 2650h;中部山区最少,有 1750h。

二、气温

温度常用积温去衡量。积温系指某一段时间内逐日平均气温≥10℃持续期间日平均气温的总和,即活动温度总和。海南省月均温度≥10℃,所以积温值较大,除琼中县为 8150℃外,其余地区都在 8300℃以上,乐东黎族自治县(以下简称乐东县)莺歌海至三亚沿海一带高达 9300℃。积温多,热量资源丰富。

海南岛全年气温高。海南岛年平均气温在 22～26℃之间。在地区分布上,呈中部低、周围高的特征(图 2-2),除中部的琼中山区为 22～23℃外,均大于 23℃,西南部大于24.5℃,南部略高于25℃。西沙、中沙、南沙群岛属热带气候,全年平均气温26.5℃,长夏无冬。

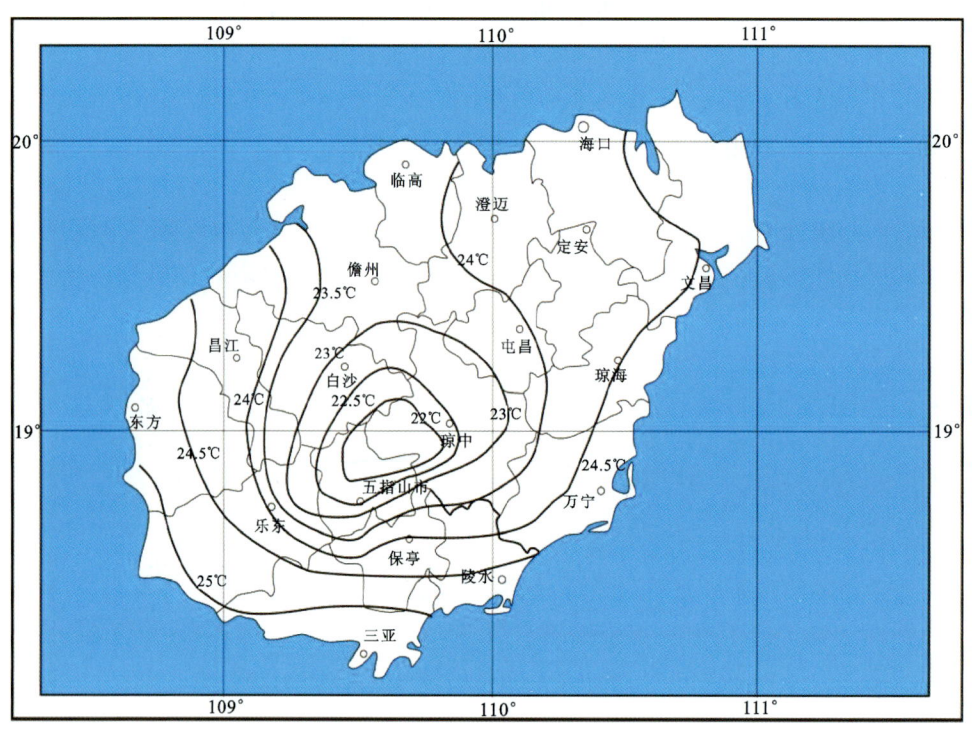

图2-2 海南岛年平均等温线示意图(据许卜杰,1988)

三、降雨

海南省的雨量充沛,干湿明显,海南岛年平均降雨量为1639mm。海南岛中部五指山脉阻挡暖湿气流西进,因此降雨的地区分布差异大,呈现东湿西干特征。降雨随地形升高而增多的趋势也很显著。全岛的多雨中心在中部偏东的山区,即五指山东坡,因地处迎风坡,降雨丰沛,年平均降雨量为2000～2400mm;西南部因地处背风坡和受干热风的影响,降雨较少,年降雨量为1000～1200mm(图2-3)。全岛年平均雨量最多的地区(琼中黎族苗族自治县2 447.1mm)与最少的地区(东方县993.3mm)相比,两者相差约2.5倍。

海南岛降雨的季节分配很不均匀,有明显的多雨季和少雨季。每年5—10月是多雨季,总降雨量1500mm左右,占全年降雨量的70%～90%,雨源主要有锋面雨、热雷雨和台风雨;每年11月至次年4月为少雨季,仅占全年降雨量的10%～30%,少雨季干旱常常发生。

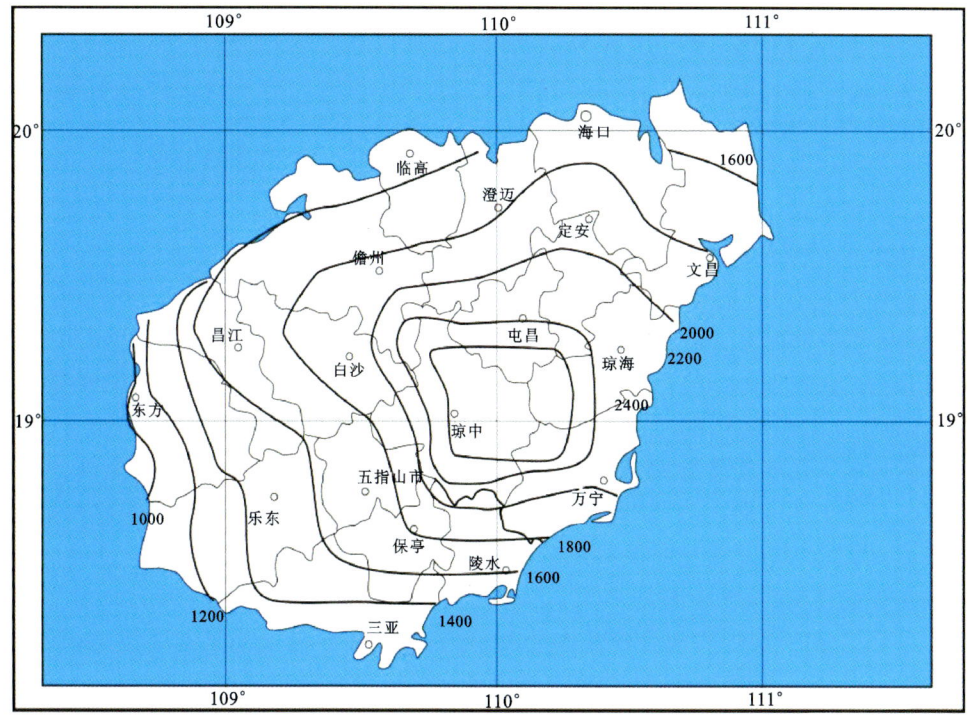

图 2-3 海南岛年降雨量分布示意图(单位:mm)(据许士杰,1988)

四、风

海南岛属季风气候区,盛行风随季节变更。冬半年,海南以东北风和东风为主,平均风速除中部山区为 1～2m/s 外,其他地区为 2～3m/s,西部和西南部沿海最大,达 3.8～4.7m/s。北部平原和台地地区,因地势较平坦,受风的影响大。夏半年,海南岛转吹东南风和西南风。由于它们都来自热带海洋,水分和热量都比冬半年偏北风充足,为海南岛降雨提供了丰富的水汽来源。

五、灾害性天气——台风

海南岛处于西太平洋台风带,台风(热带风暴)十分发育。热带风暴是热带洋面上的一种强热带气旋,在西北太平洋地区成为台风,在印度洋地区成为热带气旋,在大西洋等地区成为飓风。台风的英文为 typhoon,追溯其语源,大致有几种不同说法。一是"转音说",包括 3 种:第一种由广东话"大风"演变而来;第二种由闽南话"风台"演变而来;第三种荷兰人占领台湾期间根据希腊史诗《神权史》中风神泰丰(Typhoon)命名。二是"源地说",由于台湾位于太平洋和南海大部分台风北上的路径要冲,很多台风都是穿过台湾海峡进入大陆的,所以称为台风(王存忠,2006)。

台风是热带洋面上的一种强热带气旋。台风规模宏大,直径可达上千千米,因此影响范围巨大,台风途经地区,常常形成大面积强降雨。台风主要形成于南北纬5°—20°的热带洋面上。热带洋面表层海水温度较高(高于26℃),蒸发的高温、高湿的低层大气就会向上运动,形成一个低气压中心。低层大气不断向低压中心辐合(流入)并被加热、上升,低气压中心的高层大气向外辐散(流出),且高层大气辐散强于低层大气的辐合,以维持足够的上升气流。地球的地转偏向力有利于低气压中心的气流螺旋式上升,从而形成气旋。由于赤道附近地转偏向力接近于0,所以南北纬5°之间的热带洋面上一般不形成台风,而地球偏转力较大的纬度5°—20°之间的热带洋面是台风的起源地。当热带气旋形成后,低气压中心附近的低层大气不断补充、汇入,逐渐上升。如此循环,顶层大气逐渐辐散,云团越来越大,不断扩大的云团受到地转偏向力影响旋转起来(北半球逆时针旋转,南半球顺时针旋转),形成台风。台风经过漫长的发展之路,变得越来越强大,沿途带来狂风暴雨。当台风经过陆地时,即台风登陆,会对附近陆域造成巨大灾害,同时也使其能量减弱,转化为热带风暴和热带低气压,并逐渐消失。

一个成熟的台风,按辐合气流速度大小,平面上和剖面上均具有3层结构。其平面上可以分为3个区域:①外圈,又称为大风区。自台风边缘到涡旋区外缘,半径为200~300km,其主要特点是风速向中心急增,风力可达6级以上。②中圈,又称涡旋区。从大风区边缘到台风眼壁,半径约为100km,是台风中大气对流和风、雨最强烈区域,破坏力最大。③内圈,又称台风眼区。半径为5~30km。台风眼多呈圆形,其内风速迅速减小或静风(图2-4A)。在垂直方向上,台风可以分为低空流入层(大约在1km以下)、高空流出层(大致在10km以上)和中间上升气流层(1~10km附近)3个层次(图2-4B)。

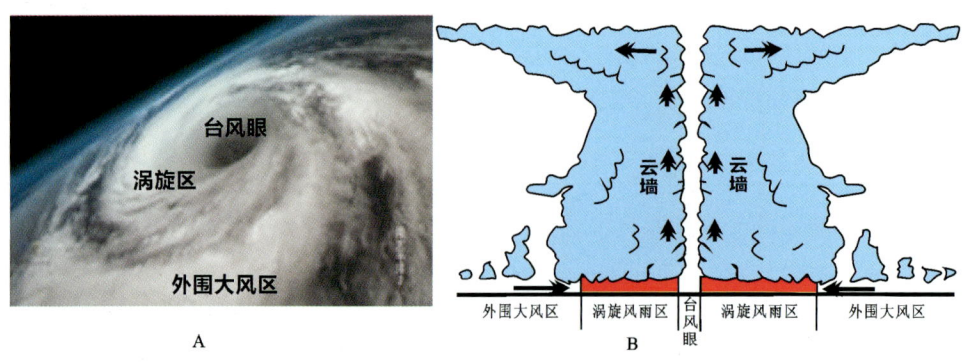

图2-4 风暴的平面结构(A)和垂向结构(B)

台风中最大风速和最大暴雨区发生在台风眼壁的云墙内侧。按照国际惯例,依据台风中心附近(台风眼壁)最大风力,台风可以分为6个等级。①热带低压:最大风速6~7级(10.8~17.1m/s);②热带风暴:最大风速8~9级(17.2~24.4m/s);③强热带风暴:最大风速10~11级(24.5~32.6m/s);④台风:最大风速12~13级(32.7~41.4m/s);⑤强台风:最大风速14~15级(41.5~50.9m/s);⑥超强台风:最大风速≥16级(≥51.0m/s)。

台风分为受行星风系影响的台风和受季风风系影响的台风,其中受行星风系影响的台风居多。受行星风系影响的台风主要起源于行星风系的东风带(纬度5°—20°之间)热带洋面上,台风的运动受东风带影响向西运动。受季风影响的台风也形成于低纬度的热带洋面上,但其运动方向受季风风向影响,如南海热带海面上形成的台风大致向北偏东方向运动。

全球受行星风系影响的台风的风源地主要发生于8个海区,即北半球的北太平洋西部和东部、北大西洋西部、孟加拉湾和阿拉伯海5个海区,南半球的南太平洋西部、南印度洋西部和东部3个海区。

海南岛的台风属于西太平洋海区台风系,主要起源地为菲律宾以东,关岛附近。由于处于行星风系的东风带,西太平洋的台风移动大致有3条路径:第一条是向西路径,台风经过菲律宾或巴林塘海峡、巴士海峡进入南海,西行经海南岛到越南北部再到广西沿海登陆,对海南岛影响较大;第二条是西北路径,台风向西北偏西方向移动,在台湾省登陆,然后穿过台湾海峡在福建省登陆;第三条是转向路径,台风从菲律宾以东的海面向西北移动,到我国浙江沿海登陆,在北纬25°附近转向东北方,向韩国和日本方向移动(图2-5)。上述3条路径在不同季节盛行,一般盛夏季节以西北路径和转向路径为主,春秋季则以向西路径和转向路径为主。除此之外,南海热带洋面上也会发生台风,属于受季风风系影响的台风。此类台风与上述行星风系台风的移动路径不同。南海受季风风系影响的台风形成之后大致向北运动,掠过海南岛,沿我国东部沿海北移。如2021年8月5日"卢碧"台风在南海生成之后,大致向北向台湾海峡、东海黄海方向运动,途中掠过广东、福建沿海,并持续北上进入江苏、山东沿海。

海南省是我国受台风影响最频繁的地区之一,是西太平洋台风西移路径的必经地。影响和登陆海南岛的台风次数多,出现的季节长。登陆海南岛的台风平均每年2.7个,最多的年份为1970年和1971年,影响海南的台风均达20个。海南岛台风出现的季节长,我国最早和最晚的台风均分布于海南。一年中除2月和3月无台风影响外,其余各月均有可能受台风影响。5—11月为台风季节,其中8—9月为活动最盛期。我国最早登陆的台风是2008年第1号台风"浣熊",于2008年4月18日22时30分在海南文昌市龙楼镇登陆,是1949年以来最早登陆海南的台风。最晚登陆的台风是2021年的"雷伊"台风,于12月20日在南海生成,略

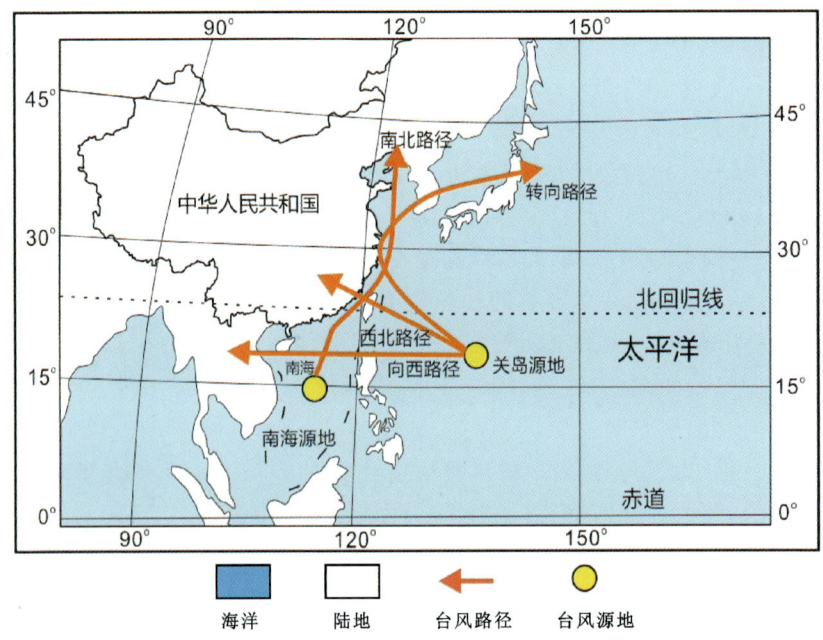

图 2-5 西太平洋台风和南海台风的路径示意图

(据杜远生等,2022,修改;地理底图审图号:GS(2020)4392 号)

过海南岛陵水以东向北略过广东、福建到台湾海峡、东海,是 1949 年以来最晚登陆海南的台风。

登陆海南的台风中,大部分在东部沿海地区登陆,西部沿海地区登陆较少。其中东部又以文昌居多,有"台风走廊"之称。从 1949 年到 2016 年,登陆海南的台风共有 155 个,其中文昌 49 个、万宁 46 个、三亚 21 个、琼海 19 个、陵水 13 个、乐东 3 个、临高 2 个、儋州 1 个、海口 1 个。

海南岛的台风一般为西移路径,即由东部登陆、西部移出,偶见其他路径。1976 年第 19 号台风"艾瑞斯"被称为移动路径最诡异的台风。"艾瑞斯"台风于 1976 年 9 月 22 日 21—22 时登陆儋州,向南穿越海南岛,从陵水附近进入南海;于 26 日 6—7 时再次登陆万宁,北上穿越海南岛,从文昌东北角移出,再次进入南海,向东北方向移去而后消失。影响时间最长的台风也出现在海南岛。2001 年第 14 号台风"菲特"于 2001 年 8 月 27 日 6 时在南海生成,开始影响海南,第一次于 2001 年 8 月 29 日 17 时登陆文昌后又转向进入南海,9 月 10 日 5 时再次登陆三亚后西移,至 9 月 12 日 2 时在越南消失,前后两次在本岛登陆,在陆地上逗留时间超过 72h,为 1949 年以来影响海南省时间最长的台风。

第二节 海南岛的气候分布特征

海南岛大致以牛岭隧道—分界洲岛为界,明显分为南、北两个气候区。公众常认为是北纬 18°线为界,牛岭隧道南侧还建有 18°线标志(图 2-6A),实际上该界线准确为 18°34′39″(图 2-6B)。牛岭隧道以南是热带,以北是亚热带。

A. 牛岭隧道南侧 18°线标志;B. 分界洲岛 18°34′39″标志

图 2-6　海南岛 18°线标志

海南岛北部为亚热带,包括儋州、临高、澄迈、海口、文昌、琼海、定安以及屯昌的一部分,为海南北部半湿润区。

海南岛南部为热带,包括三亚、陵水、保亭、乐东等地,夏无酷热,冬无严寒,且湿度较小,为半湿润半干旱区,宜居性更好,更适合居住和休闲。

海南中部以山区为主,包括五指山、琼中、白沙等县市及昌江一部分,气候较沿海地区温度稍低,为中部山地湿润区,东部湿润,西部略干燥。

海南东部受东北风、东南风和台风影响,为湿润气候区,包括文昌、琼海、万宁等地。

海南西部是半干旱区,受五指山地形的影响,中间高、四周低。海南岛夏季受东南季风、西南季风影响,冬季受东北季风影响,而西南季风比较弱。东南季风较强,从海洋上吹来。结合地形来讲,海南岛西部位于东南季风的背风坡,所以一年当中西部雨水较少,反之东部是迎风坡,降水相对西部多些。

因此,海南岛的气候总体上呈现北湿南干、东湿西干,具夏季北热南温、冬季北凉南温的特征。

第三节　海南岛的气候宜居性

我国人口众多,幅员辽阔,黑龙江省黑河地区北达寒温带,新疆、甘肃等地位于干旱气候带,北方冬季寒冷,中部地区冬季气候湿冷。随着人民生活水平的提高,越来越多的人类似候鸟,冬季"候居"海南过冬,因此有必要了解海南岛的气候宜居性。

大致以分界洲岛为界,分界洲岛以南的陵水、三亚、保亭、乐东一带为热带气候区(图2-7),冬季处于旱季,且基本上不受大陆气候影响,寒流很难到达,因此比较适合适应干燥气候的北方人居住。但热带气候区的房价较高,海南沿海房价尤以三亚市区及亚龙湾、海棠湾、三亚湾最高,三亚崖州湾、陵水清水湾、陵水县、香水湾次之。该区适合旅居,尤其适合东北、华北的居民旅居。

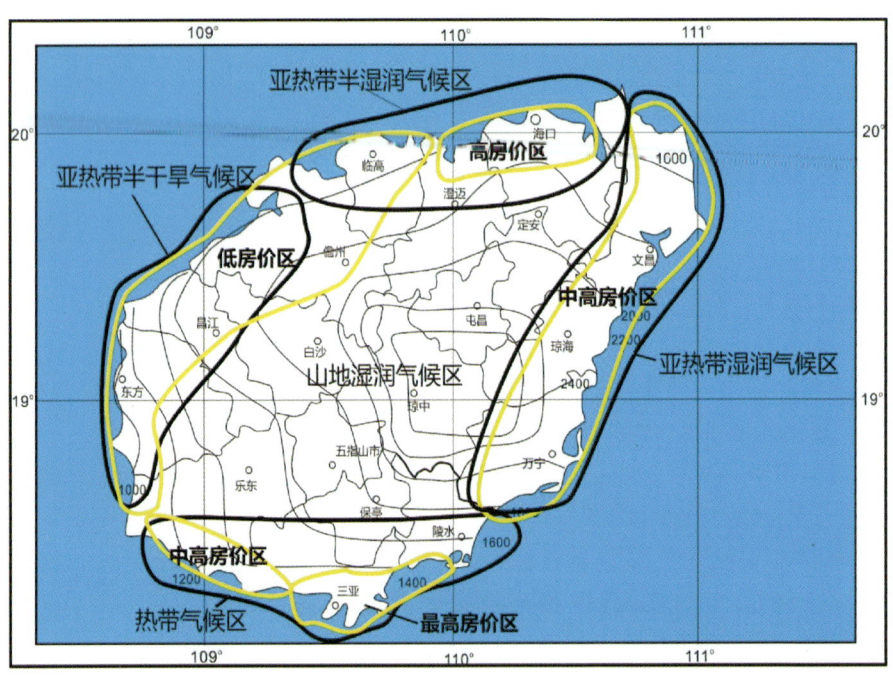

图2-7　海南岛的年均降雨量等值线及其气候宜居性示意图(黄色是房价分区)

海南岛的气候 第二章

海南岛内陆保亭、乐东(部分)、五指山、琼中、白沙、屯昌等市县位于五指山脉，属山地湿润气候，房价略偏低，适合喜欢离海近的多数人旅居。

分界洲岛以北，属于亚热带气候区。冬季大陆寒流和雾霾可以影响本区，尤其是北部沿海。海南岛北部临高、澄迈、海口半湿润气候区和东部文昌、琼海、万宁湿润气候区，气候潮湿，尤其是元月份前后阴湿多雨，温度也偏低。但该区沿海房地产开发程度较高，颇受居客青睐，因此房价偏高。该区海口房价略低于海南岛南部热带气候区，东部文昌、琼海、万宁房价高于北部澄迈、临高。由于气候潮湿，本区适合南方人，尤其是长江流域的居民旅居。

海南岛西部，为亚热带半干旱气候区。该区年降雨量最低，冬季也较干旱。海南岛西部房地产开放程度偏低，沿海岸线尚有大片的原始海岸未被开发，因此房价最低。由于气候偏干燥，该区适应于北方居民旅居。

第三章
海南岛的海域水文

海南岛位于南海西北部,海南岛的海域水文对海岸带地貌、地质具有控制作用。海域水文包括潮汐、波浪、沿岸流等方面。

第一节 潮 汐

一、潮汐的基础知识

海洋潮汐是一种长周期全球性海面波动,是在天体(太阳、月亮和地球)之间的引潮力及地球自转产生的离心力作用下,海平面发生的周期性升降现象。海水水位的上升过程称为涨潮,下降过程称为退潮(图3-1)。高潮水位和低潮水位转换期有一个短暂的停息时间,称作平潮。海面的一涨一落形成一个潮汐循环。在一个潮汐循环中,涨潮水位和退潮水位的水位差称为潮差。在潮位升降过程中,因水位变化引起的海水侧向流动即为潮流。潮流是一种水流,在海岸带附近,涨潮过程中向陆运动,退潮过程中向海运动,因此形成双向反向水流。

由于地球的自转以及地、月、日在运行过程中相对位置的不断变化,潮汐活动还出现日不等量、月不等量等不同周期的变化。地球上的潮汐主要和靠近地球的月球关系密切,与太阴日有关。太阴日是指月亮连续两次过同一子午圈所需的时间,大约24h50min,略大于太阳日。这些不等量现象主要表现为在一个太阴日中涨潮流或退潮流流速和潮位不相等;在

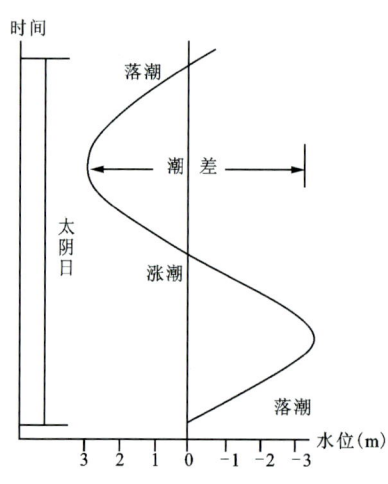

图3-1 潮汐周期和海水运动

一个太阴月中潮汐强度也有大小的差异,即有大潮和小潮之分。若一个太阴日内只有1次高潮和低潮,1个高低潮周期大约为12h25min,这种潮汐称为全日潮。一个太阴日内出现2次高潮和低潮的交替,即为半日潮。由于潮流受地形、风向、地球自转力引起的科里奥利效应的影响,潮流活动还具有非对称性质,即有主潮流与次潮流的分异和涨潮流与退潮流在空间上的分离现象。总之,潮汐活动及其引起的水动力状况是十分复杂的,但也具有明显的规律性,概括起来有以下特点:

(1)潮流活动的全球性,只有与大洋相互连通的海域才有潮汐活动。

(2)潮汐活动的周期性,潮汐具有全日或半日涨潮—退潮的周期,并存在潮流活动期(涨潮—退潮)与静止期周期性的交替。

(3)潮流流向的双向性,涨潮和退潮形成的潮流方向相反。

(4)潮汐活动的日不等量性和月不等量性,从而引起涨潮流与退潮流空间上的分离和潮汐活动的不对称现象。

潮流的强度决定了潮差大小。根据潮汐强度,可将潮差划分为3类:小潮差,潮差小于2m;中潮差,潮差为2~4m;大潮差,潮差大于4m。在大洋中部开阔水域潮差一般都很小,约50cm。中、小潮差普遍见于面临大洋的开阔海岸和半封闭或近于封闭的内陆海,如地中海、红海、黑海以及我国的渤海等。大潮差一般出现在一些海湾,尤其是具有喇叭形开口的海湾和河口湾内。当潮波进入那些逐渐缩窄的海湾时,逐渐变狭的两岸限制了潮波向外扩散,从而使水体互相拥挤,潮波波高迅速增高形成大潮差甚至特大潮差。例如加拿大的芬地湾内潮差可达15.6m,成为世界上最大的大潮差区。我国钱塘江口潮差可达8m以上,属大潮差区。

一般来说,潮差越大,形成的潮流也愈强,但是在一些内陆海、潟湖、半封闭海湾等的入口处以及一些海峡内,即使是在中、小潮差区,也能产生强劲的潮流,流速一般可达到1~4m/s。例如日本本州与北海道之间的津轻海峡内潮流流速达3.5m/s;加拿大不列颠哥伦比亚的西摩水道的进口处,在炸掉阻挡水道的岩体之前,潮流流速高达7.5m/s。如此强劲的流速对海底具有极大的侵蚀力,常在入口处和狭窄的海峡底部侵蚀出很深的壶穴或深槽。如美国旧金山湾进口金门处形成约110m深的洼地,美国路易斯安那州巴拉塔利亚湾进口处的壶穴釜穴深达50m;中国杭州湾口的深槽可达50m。

二、海南岛近海的潮汐特征

海南岛的潮汐现象主要是太平洋潮波经巴士海峡和巴林塘海峡进入南海后形成的,潮汐类型复杂。沿岸潮流有3种类型:表层潮为正规全日潮流,分布于三亚港到莺歌海;不正规全日潮分布于海口港、清澜港和八所港;不正规半日潮分布于港北港、陵水角和洋浦港。底层潮流也分3种:正规全日潮分布于海口港至抱虎角、三亚港至莺歌海;不正规全日潮分布于八所港至琼州海峡西口;不正规半日潮分布于清澜港至港北港。

第二节 波　浪

一、波浪的基础知识

波浪是自由表面的液体的局部质点受到扰动后,离开原来的平衡位置而作周期性起伏运动,并向四周传播的现象。波浪是海洋最重要的海水运动形式,尤其在滨海(浪基面之上)对沉积物具有重要影响,在海滩的塑造和沉积物搬运改造过程中起着至关重要的作用。海洋的波浪就是海水质点在它的平衡位置附近产生一种周期性的震荡运动和能量的传播,波形向前传播,水质点并没有随波前进,这就是波浪运动的实质。

根据波浪不同,海洋波浪分为风成浪、风暴浪、津浪、内波、潮波、气压波、船行波等不同类型。风成浪是海岸带常见的波浪,是在风力的直接作用下形成的波浪,是影响滨海沉积作用的主要因素。风暴或海啸期间可见风暴浪和津浪。风暴浪是在海洋风暴作用下形成的大浪。津浪是在海啸过程中形成的巨浪。风暴浪和津浪都为突变性事件形成的,它们在短暂时间内可以释放出巨大的能量,对滨浅海具有极大的破坏性。内波是发生在海水的内部,由两种密度不同的海水相对作用运动而引起的波浪现象。潮波系指海水在潮引力作用下产生的波浪。气压波是由气压突变产生的波浪。船行波为船行作用产生的波浪。此处重点介绍海岸带常见的风成浪和风暴浪。

1. 风成浪

风成浪是指正常天气时,风吹过水面形成的海面波动。海水受海风的作用及气压变化等影响,促使它离开原来的平衡位置,而发生向上、向下、向前和向后的运动,就形成了海上的波浪。当波浪涌上岸边时,海水深度逐渐变浅。随着水深的变浅,下层水的运动所受阻力越来越大,以至到最后,它的运动速度慢于上层的运动速度。表层海水的波浪一浪叠一浪,越涌越多,一浪高过一浪,波浪在最高处向前倾倒,扑到海滩上,成为飞溅的浪花。值得指出的是,海岸带常常出现岸上风向与海中风向不一致的现象,这是由海上风向与岸上陆地风向不一致造成的。海上风向来自远海,岸上风向取决于陆地风向,二者常常出现不一致的现象。

风成浪从其生成区传播到沿岸地带,波谱不断发生变化,随着海水深度变浅,依次出现涌浪、升浪、破浪、激浪和冲洗浪(图3-2)。

涌浪是在深水中传播的一种波浪。远海的风浪一般没有固定、规则的波形。当

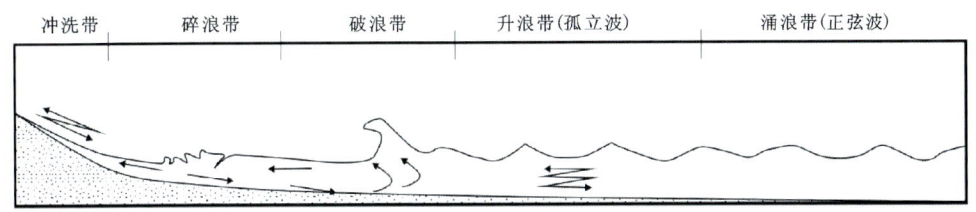

图 3-2 波浪向海岸传播过程的波浪变形类型

风浪离开生成区,波浪便通过波浪弥散对自身进行周期性调整,波形变得比较规则、连续,尖状波峰开始消失,波峰变得圆滑起来,从而过渡为涌浪。涌浪的波长很长,连续的涌浪具有近于相等的波高。涌浪具有非常狭窄的周期范围,波形近于简单的正弦波。在深水传播的涌浪具有大范围传播的特点,并能在几乎没有大的能量损失的情况下横越大洋传播数千千米。涌浪主要在浪基面之上的深水海域传播,一般对海底沉积物没有影响。

升浪是变浅的孤立波。当深水涌浪进入浅水时,它们便发生变形。大约在 1/2 波长的深度,波浪开始触及海底,至 1/4 波长的深度,波浪变形更加明显,这时波速和波长逐渐减小。由于波浪能量守恒,周期保持不变,波高逐渐增高,波峰变陡而呈尖峰状,并被较平坦的波谷所分隔,这就是孤立波。孤立波是一种对称的推进波,水质点朝向波浪传播方向运动而没有回流。当孤立波触及海底时,海底细粒沉积物发生往复运动。

破浪是当波浪继续向岸传播时,由于波峰进一步升高而变得过陡,波峰向前倾倒、破碎或崩解为浪花。波浪的破碎主要是由波峰处水质点运动速度超过了波形的相速度而向前冲泄造成的,发生破浪的水深大致相当于波高。波浪破碎后,不同大小的破浪波列依次向岸传播。破浪具有对海底沉积物强烈的搬运改造能力,它们是塑造海滩剖面的最重要营力。

激浪是当破浪传播到岸线附近,波浪完全破碎,波形不再保存,完全形成破碎的浪花。当海岸上有高的沉积基底(如基岩块体、海蚀崖)时,激浪就形成拍岸浪。

冲洗浪分布在海岸带,是激浪产生的非常浅(几厘米到几十厘米)的高速向陆的冲流和回流(图 3-3)。冲流可以爬上向海倾斜的滩面,由于海水与滩面的摩擦作用、搬运沉积物以及克服重力影响,冲流达到滩面上一定高度后因能量消耗殆尽而出现一个短暂的静止期,然后海水在重力作用下开始沿斜坡向海运动,形成回流。冲洗浪是塑造滩面和形成前滨沉积物的主要因素。波浪冲流速度一般大于回流速度。冲流搬运的沉积物持续停留在海岸上的某一位置,可形成相对高的沿岸线分布的沙体,即为海滩脊。有时大的冲流越过海滩脊,海水会遗留在海滩脊后的低洼处,形成海岸上的水流。

A.黎安潟湖沙坝外侧的风成波浪;B.黎安潟湖沙坝外侧的拍岸浪;C.清水湾海滩的波浪;D.清水湾的海滩脊

图 3-3　海南岛的波浪类型

2. 风暴浪

风暴浪是由热带风暴(台风)吹刮海面而形成的巨浪。由风暴在海岸上形成的海面抬升称为风暴潮。海洋热带风暴是在热带海洋低气压区形成的涡旋状云系,热带风暴眼(台风眼)外壁风速最高,如1969年"开米耳"飓风的阵风速度高达370km/h,因此会在海面上产生巨浪。据记载,1933年美国海军邮轮"罗梅波"号在马尼拉至圣迭戈的航途中曾连续记录浪高为24m、27m、30m、33m,最后达到34m。在热带开阔大洋中波高10~20m的风暴浪是经常发生的。巨大的风暴浪传播到滨海带引起风暴潮的涨落,波幅可达几米,对海岸造成巨大的破坏,如海岸沙丘被摧毁,障壁沙坝被冲裂,海岸滩脊被冲刷,滨海平原被淹没,热带风暴带来的暴雨会引起近岸地区的洪涝,因此是一种严重的自然灾害。1969年"开米耳"飓风袭击了密西西比海岸,海水抬升9m,并伴有猛烈的拍岸浪,摧毁了所波及地区的几乎所有建筑物,还有许多人丧生。风暴浪引起的地质效应更重要的是浪基面的降低,风暴浪基面可深达

100m以上,对正常浪基面(20m左右)之下的浅海区具有波浪作用改造,形成陆棚浅海风暴沉积。

二、海南岛的波浪特征

海南岛的波浪主要为风成浪和风暴浪,海啸引起的津浪发生的概率极低。风成浪受海南岛的风控制,风暴浪主要受台风控制。

海南岛地处中国南海西北部,东南方面向广阔的南海,西岸面向北部湾。南海所处的东亚季风区,冬季盛行偏东向风(东北风和东风),夏季盛行偏南向风(东南风和西南风)。东向风盛行时间要比南向风长,并且风速也比夏季更强。因此海南岛浪向季节变化特征明显,9月底到次年3月中旬常向浪为偏东向浪,6月中旬至8月中旬常向浪为偏南向浪,其他时间为浪向转换季节,东向浪与南向浪交替出现。冬季型浪波高和周期较大,平均波高和周期分别是1.48m和5.3s;夏季型浪波高和周期较小,平均波高和周期分别为0.88m和4.7s(不包含台风期间);季节转换时期浪高多在1m以下。一般来说,海南岛海岸带浪高与周期成正相关,即浪越高,周期越长。

海南岛环岛的波浪较小,年平均波高以东北岸段最高,南岸较低。海南岛北部的玉包港、白沙门南站偏南向浪的平均波高均小,为0.2~0.4m;而玉包港的偏西向浪和偏东向浪均较大,为0.6~0.7m;白沙门偏东北向浪较大,为0.6~1.0m。岛南部的琊琅湾、榆林以偏西向浪较大,前者为0.7~0.8m,后者为0.5~0.8m;其余各向浪均较小。岛东北部的铜鼓岭,东北向浪最大,为1.1m,为海南岛全岸最高,其余各向浪为0.8~1.0m。岛西部的东方,偏东、偏西各向浪较小,为0.3~0.7m;偏南向浪大,为0.9~1.0m。西南部的莺歌海各向浪差异较小,为0.5~0.9m(李泽文和范斌,2016)。

第三节 海 流

海流或称洋流,是指海水沿着一定方向有规律的、具有相对稳定速度的水平流动,是从一个海区向另一个海区大规模的非周期性的运动,是海水的主要运动形式之一。洋流可分为海洋表面洋流和底部洋流,表面洋流也称为海流。海南岛的海流主要受风系影响,包括行星风系的东风和季风。海南岛处于行星风系的东风带或信风带,其海流受西太平洋的信风形成的海流影响,该信风海流经巴士海峡和巴林塘海峡进入南海,进而影响海南岛。

海南岛的季风也形成海流,既有西太平洋与东亚大陆之间的季风,也有印度洋的季风。因此总体上说南海的海流较为复杂。海南岛的季风盛行风随季节变更。冬半年,海南岛以东北风和东风为主,平均风速除中部山区为1~2m/s外,其他地区为2~3m/s,因此冬半年的海流大致为西南向或西向流动。夏半年,由于来自热带海洋的水分和热量比冬半年充足,海南岛转吹东南风和西南风。因此夏半年的海流呈现西北向或东北向。

海岸带的海流称为沿岸流,是海岸带的海水大致沿海岸线定向流动。冬季,在盛行的强劲东北风和从近岸指向外海的梯度力联合作用下,海水在南海西边界堆积,在中国和越南海岸外,形成一支强盛的气旋式西边界流。西边界流沿广东沿海西行,顺海南岛沿海南下,贯穿南海整个西边缘,在加里曼丹岛附近折向东北方流动。在这大尺度强环流的侧向牵引下,其运动方向左侧形成一系列中小尺度气旋式涡旋。夏季,在西南季风的作用下,沿岸流与冬季反向。在侧向输运影响下,岸边水位降低,引起海岸处海水上涌。同样在风力和从外海指向海岸的压强梯度力的作用下,进一步强化了沿岸流。

沿岸流对塑造海岸地貌具有重要作用。当主风向斜交于海岸,会产生平行于海岸线的分力,从而带动海水沿岸流动,进而搬运海岸沉积物平行于海岸线运动。海南岛海岸带的潟湖(如黎安潟湖)外侧的障壁沙坝主要由沿岸流的搬运形成(图3-4)。

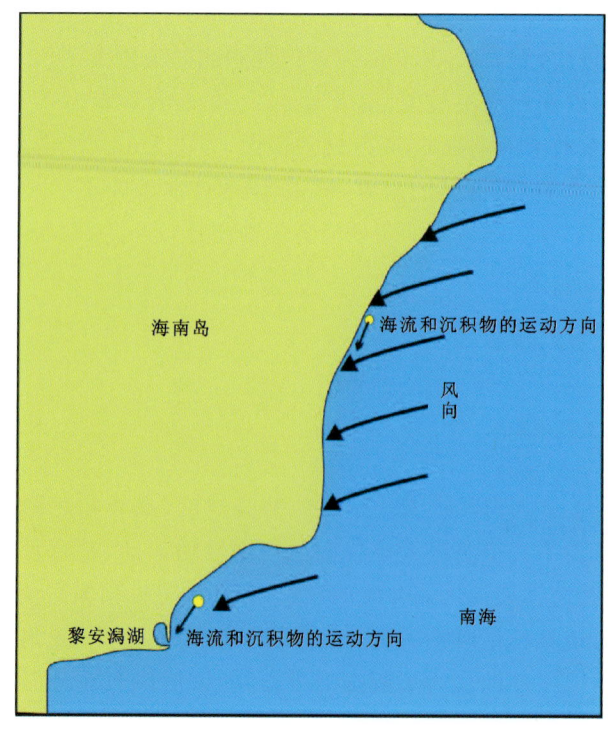

图3-4 海南岛东岸的沿岸流和黎安潟湖的成因示意图

第四节 海水温度、盐度

海南岛近岸海水温度受纬度影响,呈现北低南高、东低西高的趋势,并具冬季沿岸温度低而外海温度高,夏季沿岸温度高而外海温度低的特点。冬季,海口的海水温度为18.7℃,而南部三亚的海水温度已增加到22℃,是中国海岸冬季水温最高的岸段。

海南岛沿海水温具有年较差大、变化快的特点。水温最高值出现在夏季(5—9月),最低值出现冬季(1—2月),年较差在7~11℃之间,水温年变化幅度由南向北递增。

海南岛环岛沿岸表层海水的盐度,具有由海岸向外海逆增的趋势和时空分布差异较大的特点。全岸年均盐度为32.64‰。春至夏初(3—5月),盐度为31.56‰~34.48‰,秋季(9—10月)盐度偏低,一般为32.11‰左右;总体上东岸气候潮湿,西岸气候干旱,西岸盐度高于东岸。东岸除清澜港至陵水湾一带受上升流影响,盐度增加为34.47‰的高盐度区外,其余岸段的盐度均小于西岸段和西南岸段。东方和莺歌海盐度高达36.0‰和36.2‰,为海南的盐度最高值,在气温高、日照长、净蒸发量大的气候条件下,利于晒盐,宜划作盐田区,如莺歌海即为海南主要的盐田区。

第四章
海南岛地质概况

　　海南岛虽面积不大（约 33 900 km²），但地质历程长、地质作用复杂，岩浆岩、沉积岩、变质岩、半固结—非固结的沉积物均十分发育，是中国单位面积地质特征最复杂的地区之一。岩浆岩是地球深部高温条件下岩石熔融形成的，保存在地壳内或后期抬升到地表的岩浆岩为侵入岩，喷出地表的岩浆岩为火山岩。以铁镁质成分为主的岩浆呈流动状态，形成溢流式火山，如海南岛的大面积玄武岩；以铝硅质成分为主的岩浆呈喷发式火山。沉积物或沉积岩是在地表常温常压条件下通过沉积作用形成的。地史早期的沉积物已经固结成岩石，称为沉积岩；新近纪（始于距今 23Ma）以后的沉积物大部分没有固结成岩，称为沉积物。变质岩是已经形成的岩石在地球深处高温、高压条件下，形成了不同于原岩的新生矿物、结构和构造的岩石，后期抬升可达地表。海南岛侵入岩、火山岩、沉积岩（或沉积物）、变质岩均有发育，这些不同类型的岩石不仅对认识海南岛的地质演化具有重要意义，也是塑造海南岛地理、地貌的物质基础，对海南岛的地貌形成和演化也具有重要意义。为了有助于对海南岛地质地貌的深入理解，本章仅从科普的角度，扼要介绍海南岛的地质简况，更深入的了解可参考海南省地质志及相关文献。

　　海南岛现以琼州海峡与大陆相隔。至少在 413Ma 以后的地质时期，海南岛是华南板块的一部分，与相邻的广东、广西属于一个地质单元。在 1800～413Ma 之间，海南岛的九所-陵水断裂以南的三亚地区，可能位于南半球，靠近印度、澳大利亚大陆。正因为海南岛保存了 18 亿年以前至今的地质记录，且分属于不同的大地构造背景，因此海南岛的地质演化极其复杂，并且还有诸多问题存在不同认识。

第一节　地　层

　　地层是地史时期层状岩石及沉积物的统称，包括层状的沉积岩、火山岩和变质岩。所谓层状，系指由大致平行的层面分隔的层状岩石和沉积物，不同于具有块状特征的侵入岩。组成地层的主要是沉积岩（或沉积物），由于大约 6 亿年之后的沉积地层常含有化石,化石可以确定地层时代,因此也是地层的研究重点。除了沉积地层,火山岩、部分变质岩也具有层状特征,也可以形成地层。火山岩和变质岩中一般不保存宏体化石,因此早于6亿年的古老地层,以及火山岩和变质岩地层的时代主要靠同位素年龄去确定,所以地层都是具有年龄特征的。依照地层的岩石组合等可以将地层划分为不同的岩石地层单位(常用群或组),根据同位素年龄测定确定的地层绝对年代和生物化石确定的相对年代可以将地层从老到新划分成不同级别的年代地层单位(如宇、界、系、统等),对应于不同级别的地质年代(宙、代、纪、世等)。在地层描述中,常见"年代地层+岩石地层"综合描述,如海南岛的寒武系孟月岭组,系指寒武纪时期(541~485Ma)分布在三亚一带的厚度约700m的细砂岩、黏土岩夹白云岩。

海南岛自大约16亿年的中元古代到第四纪的地层均有发育(图4-1),但不同地区地层单位存在明显分异。因此海南岛的地层可以分为不同的地层分区,包括九所-陵水断裂带以南的南海地层大区的三亚地层分区,华南地层大区的五指山地层分区和雷琼地层分区(表4-1),分区界线为九所-陵水断裂带、王五-文教断裂带。

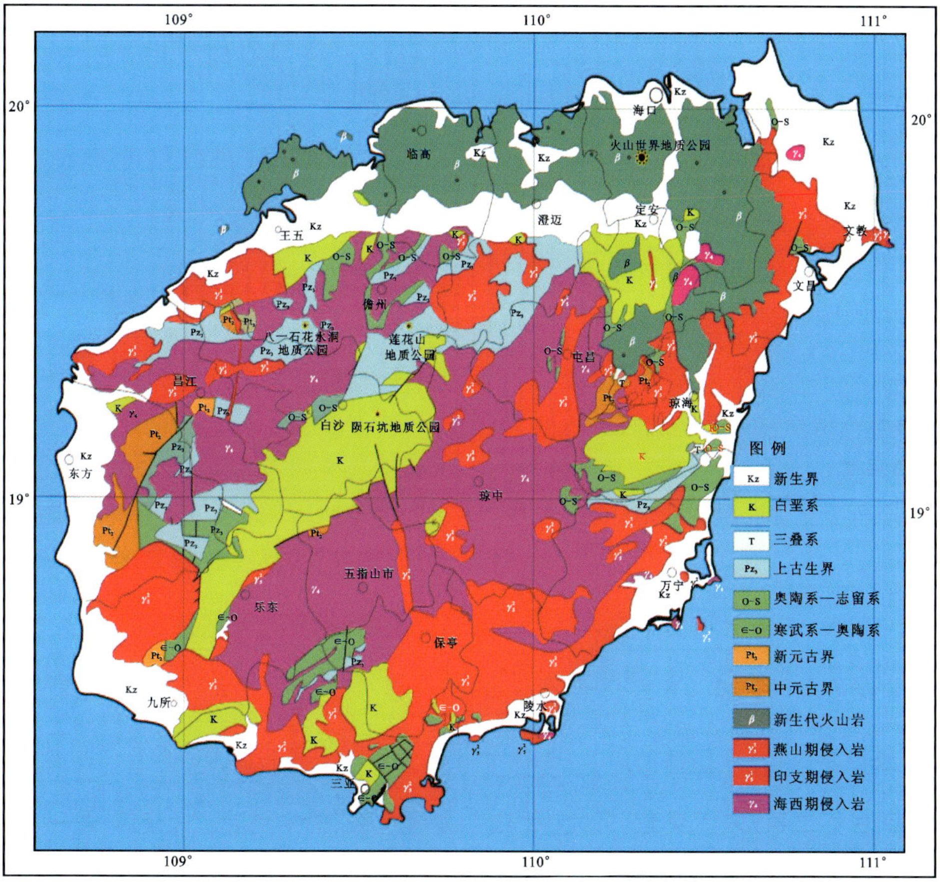

图4-1 海南岛地质图(据《海南省地质矿产志》,2022,简化)

表 4-1 海南岛地层分区和地层单位(据海南省地质矿产局,1996)

界	系	统	南海地层大区	华南地层大区		
				三亚地层分区	五指山地层分区	雷琼地层分区
新生界	第四系	全新统			烟墩组 琼山组	
		更新统		万宁组 北海组		石山组 道堂组 多文组
				秀英组		
	新近系	上新统		望楼港组	石门沟村组	海口组
		中新统		佛罗组	石马村组	灯楼角组 | 角尾组 长坡组 | 下洋组
	古近系	渐新统	-66Ma		瓦窑组 长昌组	涠洲组
		始新统				流沙港组
		古新统			昌头组	长流组
中生界	白垩系			鹿母湾组	报万组 岭壳村组 汤他大岭组 六罗村组	鹿母湾组
	侏罗系		-145Ma			
	三叠系		-201Ma		岭文组	
上古生界	二叠系		-252Ma		南龙组 鹅顶组 峨查组	
	石炭系		-299Ma		青天峡组 南好组	
	泥盆系		-359Ma			
下古生界	志留系		-419Ma		足赛岭组 靠亲山组 大干村组 空列村组 陀烈组	未建组
	奥陶系		-443Ma -485Ma	干沟村组 尖岭组 榆红组 沙塘组 牙花组 大葵组	南碧沟组	
	寒武系		-541Ma	大茅组 孟月岭组	未建组	
新元古界	震旦系 南华系		-720Ma		石灰顶组	
	青白口系		-1000Ma		石碌群	
中元古界	待建系 蓟县系		-1600Ma		抱板群	峨文岭组 戈枕村组

(表中数字指底界年龄;竖线示地层缺失)

九所-陵水断裂带可能为一古老断裂,因受后期岩浆侵入破坏,地表显示并不清晰,但其确实是一个重要的地层分区界线。王五-文教断裂带在地表显示为一东西向的第四纪沉陷带(图 4-1)。

一、元古宇

海南岛最老的基底地层为抱板群,为一套深变质岩(表 4-1),主要分布于五指山一带,内分戈枕村组和峨文岭组。戈枕村组主要为片麻岩及混合岩,峨文岭组主要为片岩和石英岩。据 Xu 等(2020)最新的研究成果,抱板群内部包括岩浆岩和变质沉积岩两部分,内部岩石年代不连续,为断层接触,故称为"抱板杂岩"。抱板杂岩的花岗片麻岩年龄为 1550Ma,双峰式岩浆岩(包括酸性的花岗岩、流纹岩和基性岩)年龄为 1430Ma。抱板杂岩为变质的沉积岩,戈枕村组和峨文岭组的锆石年龄分别为 1550~1450Ma 和 1450~1300Ma。因此抱板群属于中元古代地层,为海南岛年代最老的结晶基底。抱板群是海南岛金矿的重要赋存地层。

海南岛目前发现的新元古代地层分布十分局限,仅见于昌江县石碌铁矿区一带的青白口系石碌群和震旦系石灰顶组(表 4-1)。石碌群主要为一套中浅变质级别的变质岩,包括片岩、千枚岩、板岩、变质砂岩、白云岩等,内含宏观藻类化石,指示时代为青白口纪。石灰顶组位于石碌群之上,为一套含赤铁矿的砂岩、石英砂岩、粉砂岩等,含宏观藻类化石,指示时代为震旦纪。由于石碌群和石灰顶组具有不同的变质程度,推测二者为不整合接触。石碌群是我国新元古代铁矿的重要赋存层位。

二、下古生界

海南岛的下古生界在三亚地层分区主要发育寒武系—奥陶系,五指山地层分区主要发育奥陶系顶部和志留系(表 4-1)。

三亚地层分区的寒武系为孟月岭组、大茅组。奥陶系自下而上分为大葵组、牙花组、沙塘组、榆红组、尖岭组、干沟村组。这套地层除局部发育侵入岩的接触变质以外,基本上没有经过区域变质作用改造。

1. 三亚地层分区

三亚地区的寒武系孟月岭组以细碎屑岩、泥岩为主;大茅组以灰岩、白云岩、硅质岩、泥硅质岩为主,底部具粉砂岩和泥岩。孟月岭组含较丰富的腕足类、软舌螺、三叶虫、介形类、双壳类等海相化石,指示时代为寒武纪,形成环境为海洋环境。

三亚地区的奥陶系大葵组下部为砂岩,上部为灰岩。牙花组自下而上为砂岩、页岩、灰岩和白云质灰岩、碳质页岩。沙塘组以灰岩为主,顶部为泥岩,靠近侵入岩岩体部位,发生热接触变质作用,形成角岩等。榆红组以碎屑岩为主,包括砾岩、砂岩、粉砂岩等。尖岭组以细碎屑岩为主,主要为泥岩夹砂岩、粉砂岩,底部为砾岩。

干沟村组以粗碎屑岩为主,主要为砾岩、砂砾岩、砂岩及粉砂岩。奥陶纪地层中海相生物化石丰富,包括三叶虫、腕足类、双壳类、头足类、笔石等,指示其时代为奥陶纪,形成环境为海洋环境。

2. 五指山地层分区

与三亚地层分区形成明显差异,五指山地层分区早古生代地层主要发育奥陶系顶部南碧沟组和志留系陀烈组、空列村组、大干村组、靠亲山组、足赛岭组,且明显受区域变质作用影响。

奥陶系南碧沟组主要为一套变质砂岩、片岩、千枚岩和板岩,上部夹火山岩。

志留系陀烈组主要为变质砂岩、板岩和结晶灰岩。空列村组为变质砂岩、粉砂岩、板岩和结晶灰岩。大干村组为变质砾岩、砂砾岩、板岩和结晶灰岩。靠亲山组下部为变质砂岩、板岩,上部为板岩和结晶灰岩。足赛岭组为千枚岩、板岩夹结晶灰岩。五指山分区的早古生代地层经受浅变质作用,化石较少。陀烈组含有少量几丁虫、疑源类化石。空列村组、大干村组、靠亲山组、足赛岭组夹有少量珊瑚及疑源类、海绵、腕足类、三叶虫等海相化石,指示其地层时代为志留纪,形成于海洋环境。

三、上古生界

海南岛的上古生界仍以海相沉积为主,并存在弱的区域变质作用,主要分布于五指山地层分区。该区缺失泥盆系,自下而上发育石炭系南好组、青天峡组,二叠系峨查组、鹅顶组、南龙组(表4-1)。南好组以变质含砾砂岩、砂岩和板岩为主,含腕足类海相化石。青天峡组为变质砂岩和板岩互层,底部为结晶灰岩,含双壳类、腕足类及牙形石等海相化石。峨查组下部为结晶灰岩和硅质岩,含较多牙形石、腕足类、有孔虫等海相化石,上部为变质砂岩和板岩,含腕足类、苔藓虫等海相化石。鹅顶组岩性为生物屑粉晶灰岩、生物屑灰岩夹含燧石灰岩,顶部有纹层状灰岩。南龙组为砂岩、泥岩,几乎没有变质,内含少量植物、头足类、腹足类等化石。从上述各组所含化石,可以确定其地层时代为石炭纪—二叠纪,形成环境为海相环境。

四、中生界

海南岛的中生代地层总体发育不全,三叠系为岭文组,缺失侏罗系,白垩系包括鹿母湾组、六罗村组、汤他大岭组、岭壳村组、报万组(表4-1)。

海南岛三叠系岭文组主要由砂岩夹泥岩、粉沙质泥岩组成,泥岩中含植物和孢粉化石,指示地层时代为三叠纪,形成于陆相环境。

白垩系六罗村组、汤他大岭组、岭壳村组为中—酸性火山岩、火山碎屑岩。鹿母湾组均以紫红色碎屑岩为特色,包括砾岩、砂岩、粉砂岩、泥岩等。报万组为紫红色砂岩、粉砂岩夹泥岩。根据上述地层中少量的植物类、介形类、轮藻类和孢粉化石,

结合火山岩锆石 U-Pb 年龄测定,确定其地层时代为白垩纪,形成环境为陆相环境。

五、新生界

海南岛的新生界十分发育,古近纪、新近纪、第四纪地层均有发育(表 4-1),这些地层主要分布于沿海平原或相邻海域。总体来看,新生代地层以碎屑岩为主,局部夹火山岩。

雷琼地区受雷琼断陷盆地控制,古近系和新近系发育齐全,厚度巨大,共分 8 个组(表 4-1)。其中古近系长流组、流沙港组和涠洲组为陆相粗碎屑岩夹基性火山岩,新近系下洋组、角尾组、长坡组、灯楼角组、海口组以紫红色和灰色陆相碎屑岩为主,夹有基性火山岩,局部偶夹碳酸盐岩海相层。

五指山地区古近系昌头组、长昌组、瓦窑组为一套河湖相的紫红色碎屑岩夹煤层和油页岩。五指山和三亚地区的新近系石马村组、石门沟村组为基性火山岩,佛罗组、望楼港组为海相碎屑岩。

海南岛的第四纪地层在近海平原均有发育,尤以沿海地区发育更全、更好。上更新统—下全新统道堂组、石山组发育一套基性火山岩地层,形成了琼北火山岩台地。

第二节 岩浆岩

海南岛(包括近岸的七洲列岛、白鞍岛、大洲岛、洲仔岛、蜈支洲岛、东洲岛、西洲岛、西瑁岛等岛屿)岩浆岩极其发育,包括侵入岩和火山岩。其中侵入岩出露面积 16 623.65 km²,占全岛面积的 48.96%。除中新元古代、古生代火山岩局部分布外,中新生代火山岩大面积分布。其中中生代火山岩出露面积 970 km²,约占全岛面积的 2.85%。新生代火山岩出露面积 6630 km²,约占全岛面积的 19.5%(据海南省地质矿产局,2022)。

一、侵入岩

海南岛的侵入岩按岩浆旋回可以分为晋宁早期(中新元古代)、海西期—印支期(晚古生代—三叠纪)、燕山期(侏罗纪—白垩纪)3 个构造岩浆旋回。其中第一旋回分布面积较小,中新元古代侵入岩出露面积分别为 153 km² 和 2.39 km²,仅占全岛侵入岩出露面积的 0.94%。晚古生代—三叠纪的侵入岩出露面积为 12 087.24 km²,约占全岛侵入岩出露面积的 73%。侏罗纪—白垩纪侵入岩出露面积为 4 380.55 km²,约

占全岛侵入岩出露面积的26%。

海南岛中新元古代侵入岩分布局限,中元古代侵入岩主要为片麻状花岗闪长岩和二长花岗岩,分布于海南岛西部抱板镇戈枕和西南部亚炮一带,同位素年龄为1457～1400Ma。新元古代侵入岩为斜长花岗岩,分布于琼中上安、东方二甲、抱板、乐东峨文岭及屯昌公庙一带。同位素年龄为975～955Ma。

海南岛的二叠纪—三叠纪侵入岩非常发育,组成了海南岛第二个重要的岩浆旋回——海西期-印支期旋回。二叠纪侵入岩出露广泛,主要分布于3个片区,一是南部乐东、三亚、五指山、保亭、陵水,二是西北部东方、昌江、儋州、白沙,三是东部琼海一带,出露面积约6298km^2。岩性主要为正长花岗岩和二长花岗岩,少量为花岗闪长岩、闪长岩和辉长岩。同位素年龄多在299～251Ma之间。

三叠纪侵入岩出露也非常广泛,在南部的乐东、三亚、五指山、陵水,西部的东方、昌江,东部的万宁、琼海,中北部的文昌、屯昌、定安、澄迈、琼中等地均有出露,出露面积5788km^2。岩性主要为二长花岗岩、正长花岗岩、花岗岩,少量为花岗闪长岩、闪长岩和二长岩。同位素年龄多在251～201Ma之间。

海南岛侏罗纪—白垩纪侵入岩较为发育,构成了海南岛第三个岩浆旋回——燕山期岩浆旋回。其中侏罗纪侵入岩出露较少,仅零星分布于昌江、乐东、三亚、五指山、琼中、文昌、万宁等地,出露面积仅622.5km^2。主要岩性为正长花岗岩、二长花岗岩,少量为辉长岩、正长岩、闪长岩。白垩纪侵入岩较为发育,集中分布于乐东—三亚、保亭—陵水—万宁、琼中三地,在昌江、白沙、澄迈、文昌、琼海等地也有零星分布,出露面积达3757km^2。主要岩性为正长花岗岩、二长花岗岩、花岗闪长岩,少量为闪长岩、石英正长岩、闪长玢岩、花岗斑岩等。同位素年龄多在201～66Ma之间。

二、火山岩

海南岛火山岩分布十分广泛,时间跨度大,元古宙、古生代、中生代、新生代均有发育,具有多旋回、多期次的喷发特征。

元古宙和古生代的火山岩分布局限,其中中元古代的火山岩以中酸性火山岩为主,产于蓟县系戈枕村组中;新元古代的火山岩也为中酸性火山岩,产于青白口系石碌群中。古生代的火山岩产于古生代地层中,岩性从超基性到酸性火山岩均有。

中生代的火山岩主要分布于陆相火山岩、火山-沉积盆地中,岩性以中酸性和酸性熔岩为主。

新生代火山岩分布最广,主要分布于海南岛北部,构成海南岛北部的火山岩台地。岩性以基性火山熔岩为主,夹火山角砾岩和凝灰岩。新生代火山岩保存了比较完好的火山机构,火山锥、火山口多保留完好,现已建立了海口石山火山国家地质公园,也是雷琼世界地质公园的一个重要组成部分。

第三节 地质演化

海南岛经历了多阶段、多旋回的地质演化历程，虽然面积不大，但地质构造相当复杂，并且存在不同的认识。本书仅根据地层特征、岩浆活动和变质作用的差异，对海南岛本岛的构造单元和构造演化予以简述。

地质演化通常用构造旋回和构造阶段进行阐述。构造旋回和构造阶段划分的主要根据是全球性或大区域性普遍存在的造山事件。一个构造旋回期通常在全球或大区域有一系列的大洋闭合，形成全球或区域性的造山带，这种构造事件称为构造旋回，这个时期即为一个构造阶段。构造旋回和构造阶段的命名一般采用经典造山带所在地命名。世界和中国及海南岛的构造旋回和构造阶段划分见表4-2。

表4-2 海南岛显生宙的构造旋回划分

构造旋回	构造阶段			年代
	国际	中国	海南	
喜马拉雅旋回	喜马拉雅阶段（新生代）	喜马拉雅阶段（新生代）	喜马拉雅阶段（新生代）	66Ma至今
阿尔卑斯旋回	阿尔卑斯阶段（中生代）	燕山阶段（侏罗纪—白垩纪）	燕山阶段（侏罗纪—白垩纪）	201～66Ma
		印支阶段（三叠纪）	海西-印支阶段（晚古生代—三叠纪）	419～201Ma
海西旋回	海西阶段（晚古生代）	海西阶段（晚古生代）		
加里东旋回	加里东阶段（早古生代）	加里东阶段（早古生代）	加里东阶段（早古生代）	541～419Ma

一、中新元古代构造旋回

海南岛中元古代的构造旋回一般认为对应于国际上的格林威尔旋回，新元古代的构造旋回对应于华南的晋宁旋回。海南岛的抱板群戈枕村组主要为片麻岩及混合岩，峨文岭组主要为片岩和石英岩。抱板群获得的U-Pb锆石年龄为1550～1300Ma(Xu et al., 2020)，为结晶变质基底。石碌群主要为一套中浅变质级别的变质岩,内含宏观藻类化石,指示时代为青白口纪。位于石碌群之上的石灰顶组为一套含赤铁矿的砂岩、石英砂岩、粉砂岩等,含宏观藻类化石,根据化石确定为震旦系。由于石碌群和下伏地层抱板群、上覆地层石灰顶组具有不同的变质程度,推测它们均为不整合接触,反映存在2次构造热事件:格林威尔构造运动和泛非运动。

抱板群的岩性特征、变质程度与华南同期地层(如中元古代滇中地区的昆阳群、鄂西地区的神农架群)不一致,因此难以简单对比。Xu等(2020)认为,海南岛的抱板群是与Rodinia超大陆中的劳伦大陆关系密切的一个碎片,中元古界抱板群与新元古界石碌群之间的不整合与全球发育的格林威尔构造运动(1000Ma)具有较好的一致性,因此推测海南岛中新元古代时期为Rodinia超大陆的一部分。海南岛的石碌群和石灰顶组之间的不整合大致相当于国际上的泛非运动。

二、早古生代(加里东旋回)

海南岛的加里东期构造分区大致以九所—陵水一线为界,南为三亚地体,北为五指山造山带。加里东旋回的沉积记录在南部的三亚地体和北部的五指山造山带具有明显的差别。三亚地体主要为寒武系—奥陶系的沉积岩,五指山地区主要为奥陶系顶部—志留系的浅变质岩。一般认为,五指山地区为华南江南造山带以东华夏地块的一部分,二者有一定的相似性,也存在一些区别。相似性之一:华夏地块早古生代地层均为浅变质的碎屑岩;相似性之二:二者早古生代地层与上覆地层非变质的晚古生代地层均为角度不整合接触。二者的区别在于华夏地块东南部(福建、广东、赣南、湘南)早古生代地层主要发育寒武系—奥陶系,华夏地块西北部(广西、湘中、赣北)早古生代地层发育较全,寒武系—志留系均有发育,而五指山分区早古生代地层仅见奥陶系顶到志留系。

海南岛南部三亚分区与华南华夏地区差别更为明显,该区早古生代地层仅见寒武系和奥陶系,且均为非变质的沉积岩。三亚地体可能仍为Rodinia超大陆的一部分,属于Rodinia超大陆北部的被动大陆边缘。

三、晚古生代—三叠纪(海西-印支旋回)

海南岛南部三亚地体未见晚古生代—三叠纪地层,其构造属性和构造分区不清。北部雷琼地区晚古生代未出露。海南五指山地区的晚古生代—三叠纪地层为一套弱变质的沉积岩,该地层组合与华南邻近的湘粤桂地区也存在一定差别。湘粤桂地区的晚古生代以一套非变质的碳酸盐岩及碎屑岩为主。三叠纪后期,受广泛的印支运动影响,形成华南的印支造山带。因此海南岛主体为印支造山带的一部分。

四、侏罗纪—白垩纪（燕山旋回）

侏罗纪—白垩纪时期，海南岛进入一个新的发展阶段。海南岛未见侏罗纪地层，说明侏罗纪时期海南岛处于印支造山运动之后的隆升期。白垩纪时期，全岛进入造山运动之后的伸展断陷阶段，形成一系列的断陷盆地。这些断陷盆地下部发育中酸性火山岩，上部多为紫红色粗碎屑岩，为一套断陷盆地的河湖沉积组合。

五、新生代旋回（喜马拉雅旋回）

新生代时期，海南岛大致分为雷琼裂谷和海南地块两个构造单元，王五-文教断裂以北、琼州海峡断裂以南为雷琼裂谷，王五-文教断裂以南为海南地块。雷琼裂谷的形成是海南岛新生代主要的构造运动，导致琼州海峡下陷，与大陆分离。琼北地区大规模的火山活动形成了广布的火山岩台地。海南地块的喜马拉雅旋回的构造运动主要表现为近东西向的王五-文教断陷盆地的形成。

综上所述，海南岛大致经历了元古宙基底发展阶段，早古生代三亚地体和晚古生代—三叠纪五指山造山带形成阶段，白垩纪伸展断陷阶段，新生代伸展断陷阶段。正是由于不同大地构造背景的多阶段、多期次演化，形成了海南岛复杂的地质构造特征。

第四节　海南岛的地质公园

海南岛地质现象丰富，现已建立世界地质公园1个，国家地质公园2个，省地质公园2个。

一、中国雷琼世界地质公园

中国雷琼世界地质公园，又称雷琼海口火山群世界地质公园，位于广东省雷州半岛和海南省海南岛北部，总面积为379km²。雷琼世界地质公园由海口园区（海南海口石山火山群国家地质公园）、湛江园区（广东湛江湖光岩国家地质公园）组成，2006年被联合国教科文组织批准为世界地质公园（陶奎元，2012）。

二、海南海口石山国家地质公园

海南海口石山火山群国家地质公园位于海南省海口市西南部，包括海口市秀英区的石山、永兴两镇大部分区域以及长流镇局部区域，距海口市中心约15km，总规划面积为107.80km²（图4-2）。

图 4-2 海南海口石山国家地质公园地理位置图

海南海口石山火山群位于王五-文教断裂以北的琼北断陷盆地区中,地表出露以第四纪玄武岩为主,可见第四纪火山锥和火山口。火山口直径约 200m,深约 40m。从景区大门到火山口之间,树立一些典型的火山岩巨石,包括火山熔岩、熔岩流动形成的绳状构造、柱状节理及热带植物典型的气根等(图 4-3)。

三、白沙陨石坑国家地质公园

白沙陨石坑地质公园位于白沙县牙叉镇东南约 9km 峨剑岭(图 4-4),2018 年取得第八批国家地质公园资格。

陨石坑直径约 3.5km,陨石坑周缘环形山脊连续,仅在西南缘受两条溪河冲刷而出现豁口。陨石坑边缘的北半环形山脊高于南半环环形山脊,海拔多高于 400m,北缘峨剑岭最高,为 543.6m。环形山伴有辐射的梳状纹饰,脊底倾角 20°~25°。陨石坑底部平坦,海拔 220~360m。置身陨石坑内,举目四望,但见郁郁葱葱,低缓山坡上,茶树密布,排列成行,绿意盎然。陨石坑内发现了陨石碎块,陨石呈浑圆扁球状,重达 3.75kg,质地坚硬,为富钙无球粒陨石。白沙陨石坑是目前我国能认定的唯一较年轻的陨石坑,也是全世界十几个伴有陨石碎块的陨石坑之一。据考证,该陨石坑系由大约 70 万年前一枚直径约 380m 的陨石坠落并与地面发生剧烈撞击而成。

A.公园广场;B.火山口;C.玄武岩柱状节理;D.绳状熔岩;E.熔岩;F.热带雨林的植物气根

图4-3 海南海口石山国家地质公园

海南白沙陨石坑不但发现有陨石,而且坑形地貌以及撞击形成的岩石变质与震裂构造十分明显。白沙陨石坑内峨剑岭南侧玄武溪至飞鹰崖一带发现的大型珍稀花岗斑岩柱状节理群,极具科研、科普、观赏、旅游等价值。

图 4-4 白沙陨石坑国家地质公园地理位置图

四、儋州八一石花水洞省级地质公园

八一石花水洞地质公园位于儋州市西 G225 国道附近,距儋州市 28km(图 4-5)。

图 4-5 八一石花水洞地质公园地理位置图

区内分布有二叠系峨查组、鹅顶组的结晶灰岩,在地下水岩溶作用下形成有喀斯特溶洞。地质公园以石花水洞景区闻名遐迩,景区占地面积436亩(1亩≈666.7m^2),处于地质公园的核心保护区。石花水洞由旱洞和水洞两部分组成,总长约5km,其中旱洞长约2km,水洞长约3km,洞道系统复杂,奇景美轮美奂。目前旱洞已开发550m,内有石钟乳、石笋、石柱、石旗、石瀑布、石舌、卷曲石、文石花、单晶方解石花等极具观赏和科学价值的地质景观与遗迹,尤其是洞内发育生长的"一石二花"卷曲石、文石花、方解石晶体花及其组合堪称国家级珍品,世界一绝。曲折蜿蜒的水洞更是光怪陆离,乘船穿梭其中,更添一份神秘,让人遐想万千。据了解,水洞目前已开发350m,主洞道平均宽度3~7m,高度3~6m,经人工修整,目前已与洞外的英岛湖连通。

五、儋州兰洋莲花山省级地质公园

莲花山省级地质公园位于儋州市兰洋镇南约5km,G9813高速公路附近(图4-6)。公园以观音洞自然景观和莲花寺人文景观为特色(图4-7)。观音洞为二叠系峨查组、鹅顶组结晶灰岩,由地下水岩溶作用形成的喀斯特溶洞,被誉为"海南第一洞"。溶洞有上、中、下3层,总长500m,洞中有洞,幽深曲折,奥妙无穷。地质公园区内莲花寺为知名的佛教寺庙,是儋州著名的佛教文化旅游区。

图4-6 儋州市兰洋镇莲花山地质公园地理位置图

A.兰洋温泉;B.莲花寺;C.天然莲花洞;D.二叠纪大理岩;E.莲花洞佛像

图4-7 兰洋温泉和莲花山地质公园

海南岛主要为陆源碎屑沉积型海岸,侵蚀型基岩海岸仅发育于局部地区,个别地区发育碳酸盐岩(生物礁或海滩岩)海岸。陆源碎屑沉积型海岸包括海滩、潮坪、障壁潟湖等典型类型。海南岛的河流发育,在河流入海口地区,发育三角洲沉积。为了更系统地理解海南岛的海岸带沉积,本章重点介绍海岸沉积学的基础知识。

第一节 陆源碎屑海岸带环境

陆源碎屑型滨海环境的类型划分取决于控制因素,而影响这种滨海环境的因素包括滨海区水动力状况、构造稳定性、地形、气候及物源供给等。滨海水动力是最重要的控制因素,根据波浪、潮汐及沿岸流等对滨海环境影响的主导性,可将滨海环境区分为以下 3 种类型。

一、浪控型海岸环境

浪控型滨海环境以波浪作用为主导,通常发育在面向开阔海洋的滨海带。由于滨海外侧无障壁(基岩岛或沙坝)阻隔,海洋波浪可直接到达滨海区,故又称无障壁滨海环境。无障壁海岸以波浪作用为主,潮汐作用被波浪作用所掩盖,海岸上形成海滩,故又称海滩型滨海环境。

无障壁海岸既可以出现在线状海岸,也可以出现在浅湾型海岸中。一般线状海岸上波浪作用强,形成的海滩滩面坡度较大(可达 20°以上),沉积颗粒较粗(可达细砾级)。而海湾中的海滩滩面坡度较小(一般 5°~15°),沉积物颗粒较细,一般为细沙级。这种细沙级的海滩海浪小、沉积物细,很适合于开发滨海浴场和旅游地。国内外的海滩旅游均分布于浅湾区。

面临开阔大洋的海岸一般都有海滩的发育。海滩除了分布在无障壁海岸外,还出现在障壁沙坝或障壁岛的外侧。无障壁海滩可见低能平缓型海滩(如海南省陵水清水湾海滩)和高能陡坡型海滩及两者之间的过渡类型。障壁岛外侧的海滩多呈高能陡坡型海滩(如海南陵水黎安潟湖外侧的海滩)。

波浪是塑造海滩剖面的主要因素,当大洋波浪从深水向浅水传播时,依次出现不同的浅水波浪变形带。波浪变形带控制着海滩剖面的结构和沉积特点。根据波浪的变形体制,可将海滩环境从海向陆依次划分为临滨带、前滨带、后滨带和风成沙丘带(图5-1)。

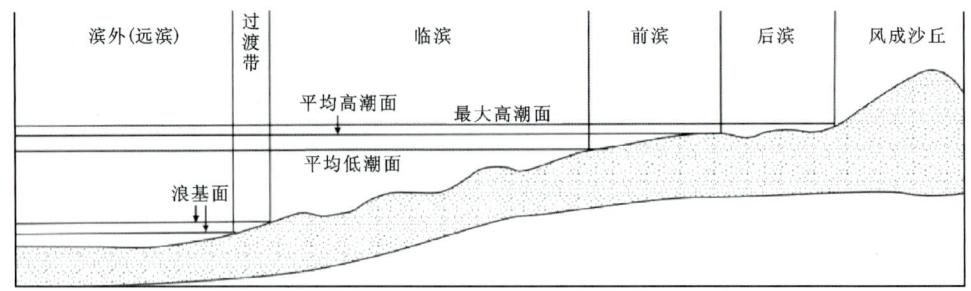

图5-1 海滩环境的划分示意图

1. 风成沙丘

风成沙丘系指海滩上最大高潮面之上的区域,一直暴露于大气中。受海岸风的影响,通常形成各种类型的风成沉积构造,如风成波痕、风成障碍痕。现代一些风成沙丘带为植被覆盖,如海南陵水清水湾后滨带之上的风成沙丘带主要为椰树、木麻黄、苦郎树等覆盖。而有些风成沙丘带植被不发育,风成沉积物裸露,沉积物主要为细沙。

海岸沙丘的沙主要由细沙级—粉沙级颗粒组成,以石英最常见,并含有少量重矿物,缺乏泥级组分。风成沙分选极好,表面多呈毛玻璃状。颗粒磨圆度是海滩沙中最好的。海岸沙丘常见风成波痕和风成交错层理。

2. 后滨带

后滨带系指海滩上最大高潮面与正常高潮面之间的区域,大部分时间暴露于大气中,只有大潮或风暴潮时间被海水淹没。低能平缓海滩的后滨带地形一般较平坦(5°~15°),沉积物以细沙为主。高能陡倾斜海滩的地形呈稍陡的缓坡(10°~20°),其沉积物较粗,可达细砾至粗沙级沉积,其为大潮或风暴潮搬运来残余下来的粗粒沉积和生物碎屑。当有海滩脊发育时,后滨带则具有波状起伏的地形,在海滩脊后侧的低洼处常有积水甚至成湿地。

由于长时间暴露于大气环境中,后滨带也发育良好的风成波痕和风成交错层理。由于海岸风多平行于海岸线,因此后滨带的风成波痕的波脊多垂直于海岸线。后滨带波痕以小型风成波痕为主,波痕波高 1~2cm,波长以 3~5cm 居多。这种风成波痕波脊较平直,波痕不对称,具有分叉复合现象,尤其是迎风面和波脊沉积物颗粒粗,背风面波谷中沉积物颗粒细,具有典型的风成波痕特征。

3. 前滨带(海滩和海沼沙岭)

前滨带位于海滩平均高潮线和平均低潮线之间的潮间地带,此处的波浪冲洗作用强,潮汐仅显示水位的变化。海滩受海岸波浪冲洗作用强度的影响,滩面坡度存在较大差别。低能海滩前滨带的坡度一般为 2°~5°,很少超过 10°,如海南陵水清水湾海滩;而高能海滩前滨带的地形坡度可达 15°~20°,如海南陵水黎安潟湖外侧的海滩。

冲洗带的水流特点是破碎的激浪以面状水流的方式垂直或近于垂直岸线的往返流动,一般向岸冲流的流速大于向海回流的速度。由于长期受到往返水流的冲洗,前滨带的沉积物成分成熟度和结构成熟度均高,主要为中细粒(低能海滩)或中粗粒—细砾级(高能海滩)沉积物,碎屑成分以石英为主。碎屑颗粒磨圆和分选均好。

前滨带具有多种典型的指相沉积构造,包括冲洗交错层理、流痕、细流痕、泡沫痕、菱形痕、障碍痕等。前滨带被打碎的生物碎屑较发育,也常见垂直于层面的生物潜穴(石针迹)。

前滨带和后滨带常常形成平行于海岸线的沙垄,又称海滩脊。海滩脊长度 100m 到数千米,宽度 10m 左右,高度 1m 至数米,向海一面稍陡(5°~30°),向陆一面较缓(5°~10°)。前滨带上的海滩脊是由波浪冲洗作用形成的。冲洗带的向岸冲流随着向岸冲流(爬坡)能量逐渐降低,少部分沉积物慢慢沉积(大部分随回流向海移动),逐渐堆积起一个高的沙垄(海滩脊),沙垄后(向陆一侧)形成一洼地。海滩脊向海一侧面状冲流形成倾向向海的低角度纹层,越过海滩脊形成向陆缓倾斜的另一组纹层,组成了冲洗交错层理的基本纹层(图 5-2)。当海滩脊不发育时,冲洗交错层理以向海纹层为主,当海滩脊发育时,向海纹层和向陆纹层均发育。

海岸上的冲流常常越过海滩脊的脊顶,到达海滩脊后侧的洼地。这些积水会沿着洼地走向向低处流动。因此现代海滩上常见水流波痕,有时可见水流、波浪成因的干涉波痕,是由水流和波浪共同作用形成的。

4. 临滨带

临滨带位于平均低潮线至好天气时的波基面(10~20m)之间的海域。临滨带全部处于浪基面之上,是浅水波浪作用带,沉积物始终遭受着波浪的冲洗、扰动。水

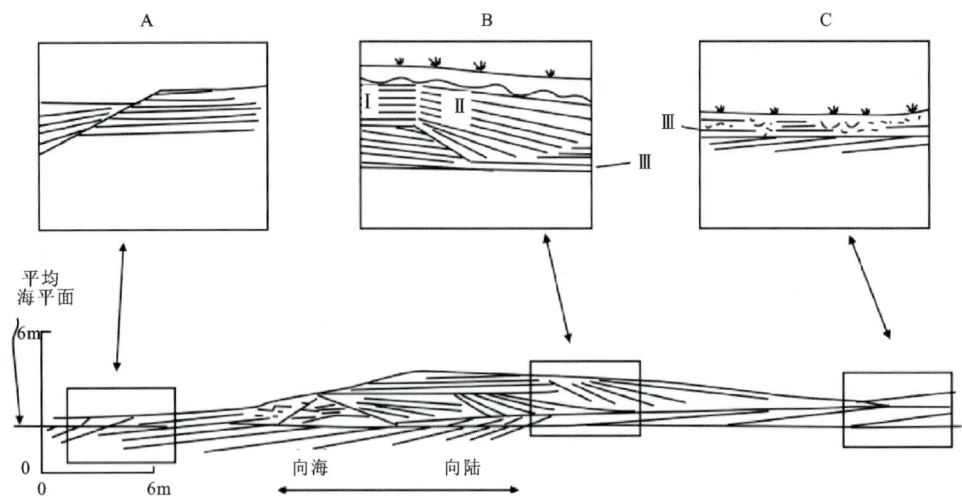

A. 与前滨相连的滩肩；B. 倾角平缓的（Ⅰ）和陡倾角的（Ⅱ）向陆倾斜的前积纹层；C. 有复杂的近地面组分的冲流层理（Ⅲ）超覆在海滩上，常见向海倾斜的交错层理

图 5-2　海滩脊内部层理构造（据赖内克和辛格，1979）

动力状况随深度变浅有规律变化。一般来说，波浪对海底扰动的总能量随深度增大而减弱，不同的波浪变形带进行着不同的沉积过程，具有不同的沉积特点和塑造不同的地形，主要表现为大致平行于海岸线和波浪波脊方向、垂直于波浪传递方向的沙坡。

二、潮控型海岸环境

潮控型滨海以潮汐作用为主控因素，多发育中—大潮差的海湾区，尤其是在深入陆地的海湾区（图 5-3）。由于没有直接来自开阔大洋的强波浪冲击，一般形成低能的泥沙质潮坪，故又称潮坪型滨海环境。

潮控型滨海与浪控型海滩环境具有显著差别。潮控型滨海以潮汐活动为主导，波浪作用微弱，但并非没有波浪，是相对低波能环境。浪控型海滩以波浪作用为主导，潮汐的水位变化限定在前滨带的范围，是一种高波能环境。根据潮汐活动的特点，可将潮控型滨海分为潮上带、潮间带和潮下带 3 个区域，其中潮间带按沉积物性质进一步可分为泥坪、混合坪、沙坪（图 5-3）。

1. 潮上带

潮上带位于平均高潮线以上地带，只有在特大高潮或风暴潮时才被海水淹没，基本上为暴露环境，受气候影响明显。在温暖潮湿气候条件下，沼泽植物茂盛，草沼和树沼均有发育。在干旱气候条件下，植被较少，蒸发盐坪很普遍，常有石膏、石盐

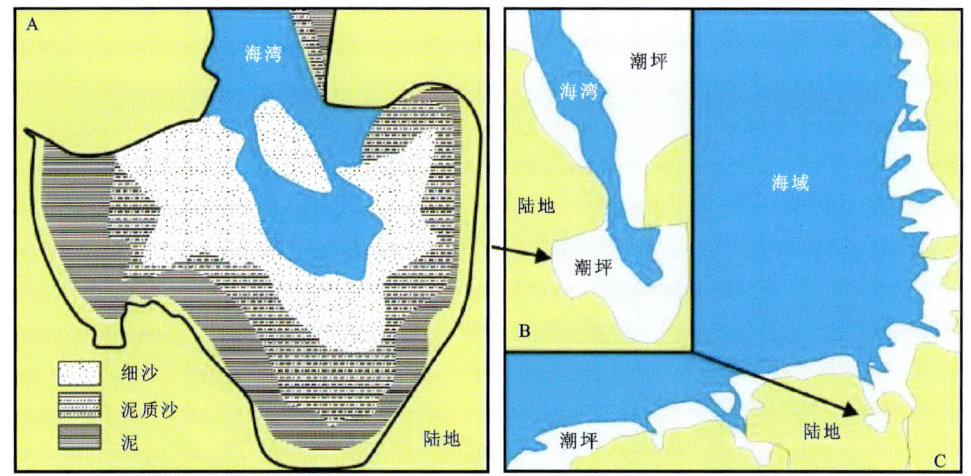

A.雅德湾潮间坪沉积物分布；B.雅德湾潮控海岸环境图；C.北海潮控海岸潮坪分布图
图 5-3　德国北海雅德湾潮控海岸环境及潮坪分布特点(据赖内克和辛格,1979)

等蒸发盐类的形成。

潮湿气候的正常潮控海岸的潮上带沉积物：一是正常潮汐能量消耗后带来的细粒泥质沉积，二是由大潮或风暴潮带来的粗粒沙或生物碎屑。前者可形成泥质沉积，后者可形成混有海相生物碎屑的贝壳堤或贝壳滩。由于潮上带长期暴露在大气中，受气影响明显，潮上带常常发育沼泽，泥质沉积有大量暴露构造，如泥裂、雨痕等。干旱气候的潮上带有盐沼，可发育石膏、石盐等指相矿物或矿物假晶。

2. 潮间带

潮间带位于平均低潮线与平均高潮线之间。受气候湿度影响，潮间带也分为潮湿气候的潮间带和干旱气候的潮间带。干旱气候的潮间带以发育盐沼并形成石膏、石盐等指相矿物或矿物假晶为特色。潮湿气候的潮间带不发育蒸发盐矿物。

潮间带垂直范围取决于潮差大小，其宽度既与潮差有关，也与海岸带坡度有关。小潮差陡坡度的潮间带宽度数米到数十米；而大潮差缓坡度的潮间带宽可达数千米到数十千米。

潮间带总的地势低平而略向海倾斜，包括潮沟(溪)和潮坪 2 个次级环境单元。由于潮流周期涨落和往返侵蚀，潮间带上发育了许多蛇曲形潮汐进出水道，称为潮沟或潮溪。潮沟或潮溪无论在高涨期和低潮期始终被海水淹没，它们是潮流进退的主要通道。潮汐水道内潮流水深流急(可达 1.5m/s)，具有较大的侵蚀力。由于潮沟中潮流的侧向侵蚀，潮汐水道侧向迁移非常迅速(可达 25~100m/a)，因此蛇曲形的潮沟边滩也侧向迁移和侧向加积，形成纵向交错层理(图 5-4)。潮沟或潮溪周围的潮间带地势平坦,只有在高水位时才被海水淹没,退潮时出露水面,是随潮汐涨落周期性暴露的环境,称为潮坪。

图5-4　潮沟(溪)的侧向迁移和侧向加积(据赖内克和辛格,1979)

根据潮坪的微地貌特点、沉积物性质和随潮汐涨落而暴露时间的长短,一般可将潮坪划分为低潮坪(沙坪)、中潮坪(混合坪)和高潮坪(泥坪)3个带。低潮坪平均有一半以上时间被海水淹没,由于被海水淹没时间长,水较深,波浪影响较大,沉积物以沙为主,主要沉积物为细沙和粉沙,常有双向交错层理和脉状层理发育,所以又称沙坪。中潮坪平均有一半左右时间被淹没,沉积物悬浮载荷与床沙载荷交替出现,为沙泥质沉积,波状层理发育为主,又称混合坪。高潮坪大部时间暴露在水上,高潮时短暂时间淹没,水浅流缓,沉积物以悬浮质泥为主,仅有少量粉沙。由于沙的供给不充足,多发育孤立小波痕和透镜状层理,又称泥坪。

潮坪上潮流流速缓慢(一般为30~50cm/s),可发育有大量小水流波痕,或受波浪影响形成小型浪成波痕,并常见具有潮汐作用特色的沉积构造,如潮汐层理、B-C层理等,最为常见和最有指相意义的有如下几种:

(1)波痕,潮坪上发育的主要是小型波痕、孤立波痕,大波痕比较少见。小波痕既有潮流形成的具双向特征的水流波痕,也有波浪作用形成的小型浪成波痕,还有水流-波浪共同作用形成的干涉波痕、改造波痕(双脊波痕、圆脊波痕、平顶波痕)、叠加波痕。

(2)层理,潮坪上最常见的是潮汐层理(脉状层理、波状层理、透镜层理)组合和双向交错层理。其中脉状层理形成于潮坪下部(沙坪);波状层理形成于中潮坪(混合坪);透镜状层理形成于低潮坪(泥坪)。双向交错层理主要发育于潮沟(溪)中。

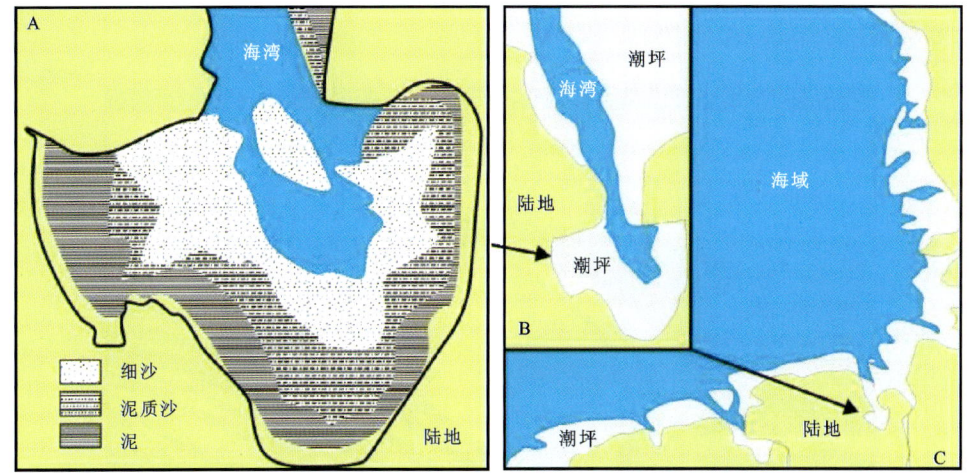

A.雅德湾潮间坪沉积物分布；B.雅德湾潮控海岸环境图；C.北海潮控海岸潮坪分布图

图5-3　德国北海雅德湾潮控海岸环境及潮坪分布特点(据赖内克和辛格,1979)

等蒸发盐类的形成。

潮湿气候的正常潮控海岸的潮上带沉积物：一是正常潮汐能量消耗后带来的细粒泥质沉积，二是由大潮或风暴潮带来的粗粒沙或生物碎屑。前者可形成泥质沉积，后者可形成混有海相生物碎屑的贝壳堤或贝壳滩。由于潮上带长期暴露在大气中，受气影响明显，潮上带常常发育沼泽，泥质沉积有大量暴露构造，如泥裂、雨痕等。干旱气候的潮上带有盐沼，可发育石膏、石盐等指相矿物或矿物假晶。

2. 潮间带

潮间带位于平均低潮线与平均高潮线之间。受气候湿度影响，潮间带也分为潮湿气候的潮间带和干旱气候的潮间带。干旱气候的潮间带以发育盐沼并形成石膏、石盐等指相矿物或矿物假晶为特色。潮湿气候的潮间带不发育蒸发盐矿物。

潮间带垂直范围取决于潮差大小，其宽度既与潮差有关，也与海岸带坡度有关。小潮差陡坡度的潮间带宽度数米到数十米；而大潮差缓坡度的潮间带宽可达数千米到数十千米。

潮间带总的地势低平而略向海倾斜，包括潮沟(溪)和潮坪2个次级环境单元。由于潮流周期涨落和往返侵蚀，潮间带上发育了许多蛇曲形潮汐进出水道，称为潮沟或潮溪。潮沟或潮溪无论在高涨期和低潮期始终被海水淹没，它们是潮流进退的主要通道。潮汐水道内潮流水深流急(可达1.5m/s)，具有较大的侵蚀力。由于潮沟中潮流的侧向侵蚀，潮汐水道侧向迁移非常迅速(可达25～100m/a)，因此蛇曲形的潮沟边滩也侧向迁移和侧向加积，形成纵向交错层理(图5-4)。潮沟或潮溪周围的潮间带地势平坦,只有在高水位时才被海水淹没,退潮时出露水面,是随潮汐涨落周期性暴露的环境,称为潮坪。

图 5-4　潮沟(溪)的侧向迁移和侧向加积(据赖内克和辛格,1979)

根据潮坪的微地貌特点、沉积物性质和随潮汐涨落而暴露时间的长短,一般可将潮坪划分为低潮坪(沙坪)、中潮坪(混合坪)和高潮坪(泥坪)3个带。低潮坪平均有一半以上时间被海水淹没,由于被海水淹没时间长,水较深,波浪影响较大,沉积物以沙为主,主要沉积物为细沙和粉沙,常有双向交错层理和脉状层理发育,所以又称沙坪。中潮坪平均有一半左右时间被淹没,沉积物悬浮载荷与床沙载荷交替出现,为沙泥质沉积,波状层理发育为主,又称混合坪。高潮坪大部时间暴露在水上,高潮时短暂时间淹没,水浅流缓,沉积物以悬浮质泥为主,仅有少量粉沙。由于沙的供给不充足,多发育孤立小波痕和透镜状层理,又称泥坪。

潮坪上潮流流速缓慢(一般为 30~50cm/s),可发育有大量小水流波痕,或受波浪影响形成小型浪成波痕,并常见具有潮汐作用特色的沉积构造,如潮汐层理、B-C 层理等,最为常见和最有指相意义的有如下几种:

(1)波痕,潮坪上发育的主要是小型波痕、孤立波痕,大波痕比较少见。小波痕既有潮流形成的具双向特征的水流波痕,也有波浪作用形成的小型浪成波痕,还有水流-波浪共同作用形成的干涉波痕、改造波痕(双脊波痕、圆脊波痕、平顶波痕)、叠加波痕。

(2)层理,潮坪上最常见的是潮汐层理(脉状层理、波状层理、透镜层理)组合和双向交错层理。其中脉状层理形成于潮坪下部(沙坪);波状层理形成于中潮坪(混合坪);透镜状层理形成于低潮坪(泥坪)。双向交错层理主要发育于潮沟(溪)中。

(3) 暴露构造。潮间带间歇性暴露可形成大量暴露沉积构造，如泥裂、雨痕、障碍痕、细流痕等。

潮间带生物以底栖生物为主，为适应潮汐涨落周期性变化的环境，底栖生物多挖掘垂直的深而坚固的潜穴，潜穴形态一般以简单的直管状到"U"形管状为代表，造迹生物多为甲壳类、蠕虫类、双壳类、腹足类等。潮间带生物常常引起强烈的生物扰动构造，因此潮坪沉积常常出现块状层理或均质层理。

3. 潮下带

潮下带位于平均低潮线以下，向下延至好天气时的波基面附近，与陆棚浅海逐渐过渡。潮下带始终处于水下环境，受较强潮汐和波浪作用的共同控制，是潮汐控制的滨海带中比潮上、潮间带水动力更强的高能环境。

控制潮下带沉积的主导因素是潮流，其次为波浪。潮下带沉积体主要为潮汐沙坝，潮汐沙坝长轴方向和潮流流向一致，大致垂直于海岸线，由中粗粒或中细粒沙组成。受潮流进退影响，可形成大型双向交错层理；受波浪作用改造，也可形成大型或小型浪成交错层理。因潮流活动期和平静期交替影响，可形成潮汐束状体和双黏土层。潮下带生物以狭盐度、底栖生物为特色，常有大量潜穴等生物遗迹。因潮汐或波浪作用影响，生物化石破碎。

三、障壁-潟湖型海岸环境

障壁-潟湖环境是中低潮差海岸发育、由障壁沙坝或障壁岛围限一个潟湖组成的沉积环境。障壁是围限潟湖、平行岸线延伸的狭长沙体或基岩岛。由沙质沉积物组成的障壁为障壁沙坝（如海南万宁小海潟湖），由基岩组成的障壁为障壁岛（如海南陵水新村潟湖），由基岩岛连接沙坝形成的障壁称为连岛沙坝（如海南陵水黎安潟湖）。障壁沙坝（岛）将向海一侧的开阔海与向陆一侧的潟湖分隔开，之间有一狭窄的通道连通潟湖和外海，称为潮汐通道。因此该环境可以划分为3个亚环境组合：障壁沙坝（岛）组合、潟湖及其环潟湖潮坪组合、潮汐通道及潮汐三角洲或潮汐沙坝组合（图5-5）。

1. 障壁沙坝（岛）组合

障壁沙坝位于潟湖外侧，面向广海，类似无障壁海滩，由临滨带、前滨带、后滨带、风成沙丘带组成。受风暴作用影响，障壁沙坝被风暴流冲破，可在沙坝后侧形成冲溢沟和冲溢扇。关于临滨带、前滨带、后滨带和风成沙丘带的环境与沉积特点在海滩环境中已做过详细的介绍，下面仅对冲溢扇沉积相做补充论述。

冲溢扇是在风暴期间由风暴引起的巨浪冲破并越过障壁沙坝，将侵蚀下来的大量沉积物搬运到沙坝后堆积在环潟湖潮坪或潟湖沉积之上的扇状沙体。障壁沙坝

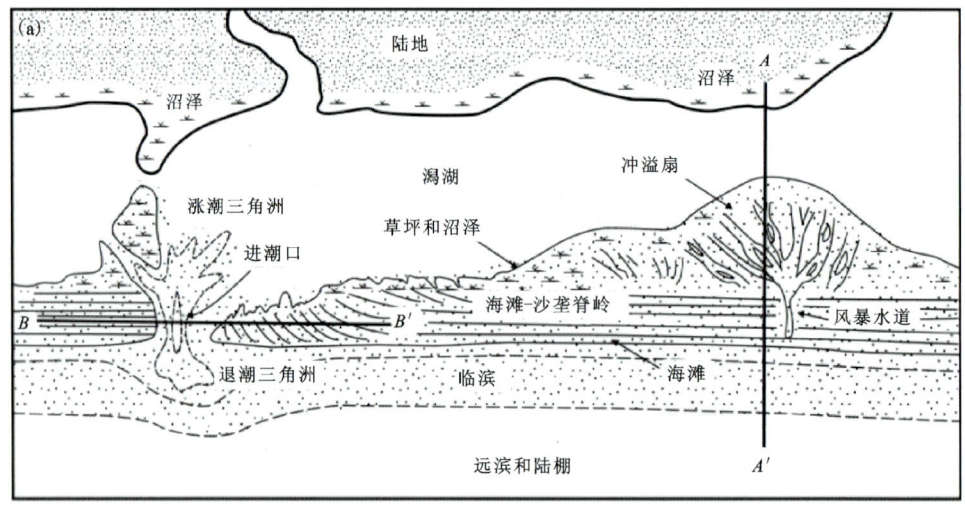

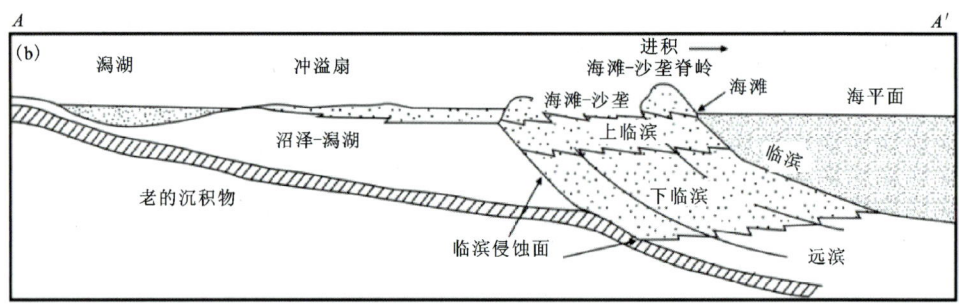

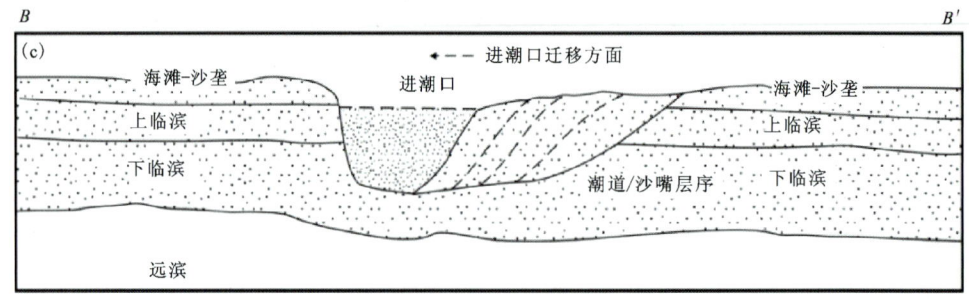

(a)平面图；(b)通过障壁-潟湖的剖面图；(c)通过潮道的剖面图

图 5-5　障壁-潟湖体系中各种亚环境分布示意图（据 Scholle and Spearing, 1982）

被冲开的缺口称作冲溢沟,大多数冲溢沟的切割深度在正常海面以上,风暴时被水淹没,风暴后即行干涸。但在某些特大风暴时,冲溢沟也可切割到海平面以下,风暴后仍与海水相通,下次风暴时将继续遭受冲刷侵蚀而不断扩大,进而转化为进潮口（潮汐通道）。

冲溢扇在平面上为细长椭圆状或朵状的席状沙体，宽可达几百米，与障壁岛走向近于垂直。许多相邻的冲溢扇相连或叠置则形成复合扇体，宽可达数千米。每次冲溢作用均可以形成几厘米至1～2m厚的沉积层。冲溢扇主要由细—中粒沙质沉积组成，也可有粗沙及细砾。在障壁沙坝后或潮坪上一般形成平行层理，在进入潟湖的地方可形成类似三角洲前积层。风暴过后冲溢扇表面可生长少量植物，沉积构造也常因生物扰动而破坏。单个冲溢扇自下而上形成冲刷面—富含混合生物介壳的底层—具平行层理或大型水流交错层理或逆行沙丘层理的沙层层序。复合冲溢扇中，各个冲溢扇单元常被冲刷面或风改造的薄层沙分隔。

2. 潟湖及其环潟湖潮坪组合

潟湖是被障壁沙坝（岛）阻隔而成的半封闭水域，为浅水低能环境，波浪作用微弱，潮汐作用明显。环绕潟湖是潮汐作用控制的滨岸，为潮坪沉积。环潟湖潮坪和潟湖沉积也可以分为潮上带、潮间带、潮下带、潟湖（浪基面之下）。

环潟湖潮坪沉积大致类似于上述潮坪，潟湖向陆一侧的潮坪以泥质潮坪居多，主要沉积泥、粉沙质或泥质粉沙，内具潮汐层理（脉状层理、波状层理、透镜状层理等）、小型浪成波痕及交错层理，也常见沼泽相的暗色均质泥岩，如海南万宁小海潟湖靠陆的西侧，潮坪就发育沼泽沉积。

在潟湖外侧（靠障壁沙坝一侧），由于受障壁沙坝的沉积物影响，或冲溢扇提供的沙质沉积，多发育沙质潮坪。此处的潮间带以发育潮汐层理的细沙—粗粉沙为主，内具大量小型浪成波痕及交错层理、潮汐层理。但此带生物活动强烈，现代环潟湖潮坪常见大量生物遗迹，地层中多发育生物扰动构造，形成块状沙。潮间—潮上过渡带常出现小的冲洗带，类似于无障壁海滩的前滨，发育小规模的冲洗交错层理。

由于潟湖的波浪作用微弱，其潮下带很窄，一般为含泥质的细沙—粉沙沉积，内具小型浪成波痕或交错层理。位于浪基面之下的潟湖为静水沉积，主要为泥质沉积，内具水平层理。

潟湖及环潟湖潮坪中的生物与盐度有关，没有河流注入的潟湖（如海南陵水黎安潟湖）以狭盐度生物为特色，有河流注入的潟湖（如海南万宁小海潟湖），存在广盐度生物。由于潟湖波浪作用微弱，生物化石保存较好。

3. 潮汐通道及潮汐三角洲或潮汐沙坝组合

潮汐通道是沟通广海和潟湖的水道。涨潮时潮水经过潮汐通道涌进潟湖，平潮期有短暂的停留，退潮时潮水又从进潮口排出。潟湖的海水均由该水道从广海随潮水涨落进出潟湖，因此潮汐水道是一个强水流动力的环境。潮汐通道宽度一般几十米至几千米，深可达10～20m。在潮道的广海一侧和潟湖一侧常发育潮汐沙体，有时多条平行进出潮流方向、大致垂直于岸线（障壁沙坝）的沙体呈扇状特征，故称为潮汐三角洲。进潮形成于潟湖内的三角洲称为进潮三角洲;退潮时在外海一侧形成的三角洲称为退潮三角洲。现代障壁—潟湖海岸的潮汐通道两侧多发育单个的沙坝,宜称潮汐沙坝。

潮汐通道是强潮流往复进出的通道,一般形成粒度较粗的中粗粒沙质沉积,其成分成熟度和结构成熟度均高,内以具双向水流交错层理为特色。由于涨潮、退潮流速可能存在不对称性,或涨潮、退潮过程中的潮流速度逐渐变缓,因此常发育 B-C 层理。潮汐通道多受沿岸流的影响不断向下游迁移,沿岸流上游岸为沉积岸,沿岸流搬运的沉积物堆积使障壁沙坝向下游延伸;下游岸是侵蚀岸,潮汐通道受沿岸流的冲刷侵蚀而后退,因此可形成侧向加积。

第二节 碳酸盐海岸环境

海南岛三亚一带发育的碳酸盐海岸主要为岸礁和海滩岩。生物礁是由造礁生物(多为复体生物)原地联结、筑积形成的块状沉积体,分布于海岸带的生物礁即为岸礁。海滩岩类似于由碎屑岩组成的海滩,但其碎屑组分为生物碎屑,即碳酸盐海滩。碳酸盐岩海滩沉积很容易成岩固结,所以称为海滩岩。

在垂直岸线和主风向的横向剖面上,生物礁可以分为礁后、礁坪、礁顶、礁前、前礁 5 个相带(图 5-6)。

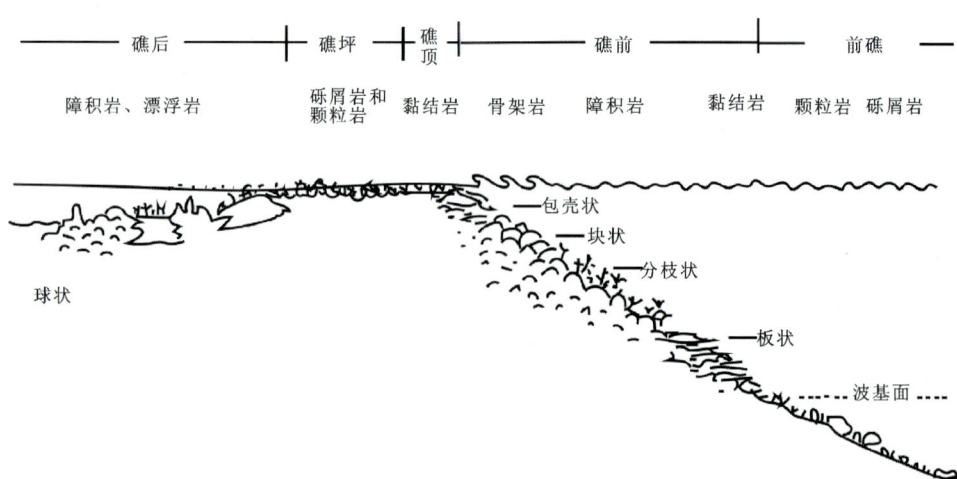

图 5-6 生物礁相带划分(据 James,1977)

一、礁顶相

礁顶相为生物礁的核心,也是最重要的组成部分。礁顶相位于生物礁向海的边缘,长期处于礁体的最高部位。水深上限一般在平均低潮水位附近;下限大致可延深到破浪带。该带是生物最繁盛、生长最迅速的地带。礁顶的生物类型取决于造礁生物的地史分布和波浪作用强度,既包括以纵向生长为主导的丛状、柱状、枝状、球状等造架生物,也包括水平生长的层状、结壳状黏结生物,形成骨架岩或黏结岩。礁顶带的造礁生物群分异性一般较低,常见以较少的造礁生物为主导,造礁生物的生态功能类型也较为相似。

二、礁坪相

礁坪相位于礁缘的内侧,是礁体在不断生长向海推进过程中形成的平台。礁坪顶面位于平均低水位之下。礁坪上既有造礁生物原地生长形成的礁灰岩,也有风暴浪带来的大小不等的礁块、生物碎屑和沙级碎屑。原地生长的造礁生物常常生长于潮坪上低洼的礁塘区,此处波浪作用较弱,枝状以及球状、朵状造礁生物发育,常常形成障积灰岩,偶见骨架灰岩。礁坪或潮沟常常分布大量的大小不等、圆度较低的砾级碎块,部分是礁顶的生物礁岩被风暴浪打碎搬运来的礁块,部分是礁顶造礁生物被破碎搬运来的生物碎屑以及礁顶的沙级碎屑。

三、前礁相

前礁相位于礁顶的向海一侧,水深大致在浪基面以上。由于生物礁沉积速率高,形成高的沉积体,因此前礁带坡度较陡,可达45°左右。前礁带处于波浪作用带,生物的生活条件优越,是造礁生物极其发育的区域。前礁带的特点是造礁生物分异度高、生物类别多样,生态分异性也很强。造礁生物的形态从丛状、柱状、半球状、球状、枝状至席状复体生物均有发育。随着海水深度增大,波浪动能减小,造礁生物从高抗浪粗大的形态逐渐过渡为适应低能环境的纤细形态。前礁带附礁生物非常发育,如腕足类、双壳类、棘皮类、珊瑚藻和分节的钙质绿藻等。前礁带的沉积包括骨架灰岩、黏结灰岩、障积灰岩等不同的礁岩类型。骨架灰岩和黏结灰岩常发育于该带上部,障积灰岩多见于该带下部。

除了原地的造礁生物筑积形成的礁灰岩之外,该带还存在由风暴浪破坏形成的、由礁块组成的角砾岩。由于生物礁常常发育于热带、亚热带风暴作用带,强烈的风暴流常常侵蚀礁顶或前礁,形成冲蚀沟槽或使生物礁体破碎,或使生物礁削顶,从而形成礁岩或生物块体组成的角砾或生物碎屑。这些角砾和碎屑在地形较陡的前礁区常常形成垮塌角砾,从而形成角砾灰岩,称为异地礁灰岩,包括角砾支撑的粗砾灰岩和基质支撑的漂砾灰岩。

第三节　海相三角洲

三角洲是河流进入蓄水盆地(海洋或湖泊)的河口地区形成的沉积体。三角洲沉积的物质主要来自河流搬运的碎屑沉积物。当河流进入蓄水盆地,流速下降,携带的沉积物沉积,形成平面上呈近似三角形的扇状、剖面上呈不对称透镜状的沉积体,即为三角洲。河流进入湖泊形成的三角洲为湖相三角洲,进入海洋形成的三角洲为海相三角洲。

一、三角洲的主要控制因素

控制三角洲沉积的最重要的因素是介入三角洲沉积的水动力因素,包括进入蓄水盆地的河流,蓄水盆地的波浪、潮汐、岸流等。

1. 河流作用

河流是形成三角洲的主导因素,河流因素包括河流的大小(包括流域大小)、河水的流量和流速、河流的负载类型和负载量等。

河流的大小主要取决于流域的大小,流域面积越大,河流越大,河水的流量越大。一般来说,河流的流域越广,沉积物的生产量越大;河流流量越大,年输入沉积物的数量越大,形成的三角洲规模越大。

河流流量和流速的变化对三角洲形态、大小也具有重要影响,甚至比平均流量、流速的影响还要重要。年径流量集中在短时间的河流与那些年径流量分配均匀的河流所形成的三角洲形态有很大不同。流量不稳定的河流形成的三角洲平原上多出现迅速而频繁迁移的辫状分流水道和席状沙体,而流量变化稳定的河流则倾向于发育蛇曲河道和鞋带状沙体。另外,河流流量的分布也影响着向三角洲输送的沉积物的粒度变化和分选性,河流流量变化越稳定,沉积物的粒度越细,分选性越好。河流流量小但不稳定,且集中于短暂洪水期的河流,要比流量较大但稳定的河流具有更大的搬运能力,将粗碎屑物搬运到三角洲内,形成的三角洲沉积物中粗粒且分选差的物质分布更为普遍。

河口地区是河流搬运的碎屑沉积物的集散中心,河流将沉积物搬运到河口,再从河口转移分散到蓄水盆地周围。这些沉积物的分布状况及各种沙体的形成均受河口区河水和蓄水相互作用控制。

2. 波浪作用、沿岸流

波浪和潮汐作用对河口沙体的改造与三角洲岸线的变化影响极大。在有波浪作用的岸线,三角洲平原、三角洲前缘沙体的分布和形态主要取决于河流供应沉积物的能力与波浪对沉积物改造和再分配能力的相互消长关系。波浪作用强的河口区,河流搬运的沉积物受波浪作用改造,形成以波浪作用为主导的沉积沙体,如平行于岸线的沙坝(类似于无障壁海滩)。在波浪作用微弱或没有波浪的干扰下,河流不断将沉积物搬运到河口区沉积,常形成大致与岸线垂直的分流河道河口沙坝的向海延伸。Fisher等(1969)总结了河流作用和波浪作用相互消长情况下三角洲形态的变化,认为当波浪作用增强,三角洲从以河流作用为主的伸长状(鸟足状),向被波浪改造的朵状、尖头状转化(图5-7)。

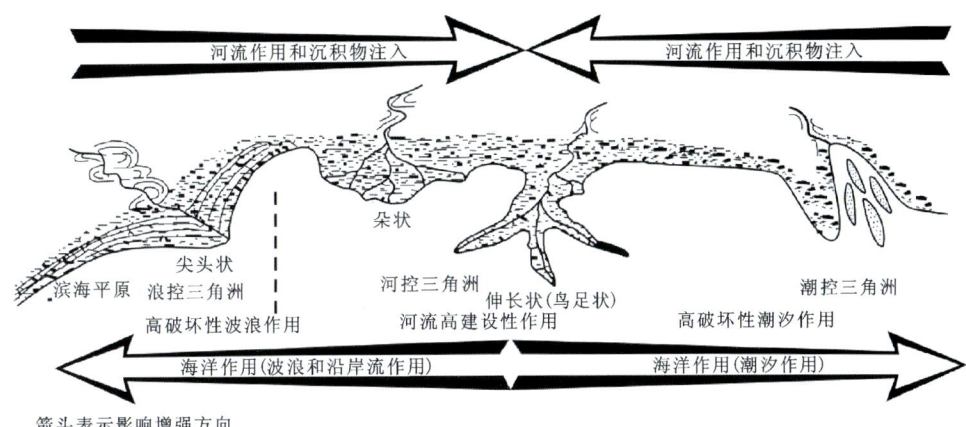

图 5-7 河流作用和波浪作用相互消长条件下三角洲形态的变化(据 Fisher et al,1969 修改)

在沿岸流发育蓄水盆地,沿岸流对三角洲也有重要影响。沿岸流可引起河流带来的沉积物沿岸进行大规模迁移,改变河口沙体的走向,甚至使河道改变入海方向(图5-8)。

3. 潮汐作用

潮汐作用对三角洲的形态也有强烈的影响,尤其在强潮汐作用的河口区。由于潮流涨落形成的双向潮流大致垂直于海岸线汇聚到河口,因此河流搬运的沉积物被潮流改造,形成大致垂直海岸线的放射状潮汐沙脊。在涨潮流占优势的河口区,强潮汐的河口多呈喇叭形,潮汐沙脊可伸展到河道中(图5-7、图5-9)。由于潮汐作用主要发育于海洋区域,潮汐作用对三角洲的改造主要发育于海相三角洲。

二、三角洲的形态成因分类

三角洲的形态成因分类主要依据控制三角洲形成的主导因素进行,由于该分类中的形态与成因密切相关,实际上是形态-成因分类。不同学者先后提出了各种分

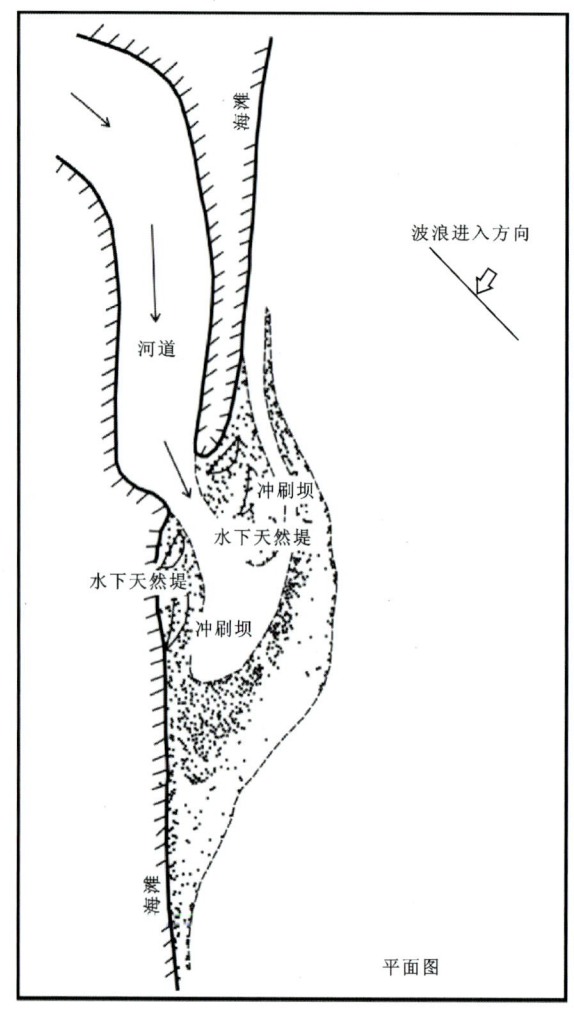

图5-8 沿岸流改造的三角洲沙体的分布模式(据Wright,1977)

类方案,最为流行和得到广泛应用的是盖洛韦的分类(Galloway,1975)。

  盖洛韦(1975)通过对许多全新世海相三角洲的分析,指出三角洲的形态类型是一个连续的变化系列。为了将现代和古代各种三角洲都纳入统一的分类系统,采用三角图解的方法来表示各类三角洲的形成特点(图5-10),这个图解是将河控、浪控和潮控三角洲作为三角形图解的3个端元类型,每个端元类型都有其独特的沙体格架特征。其他过渡类型三角洲都可根据河流、波浪和潮汐3种主导作用的相对强度将其标在三角形图解的相应位置上,比较系统地表现了三角洲连续变化系列。

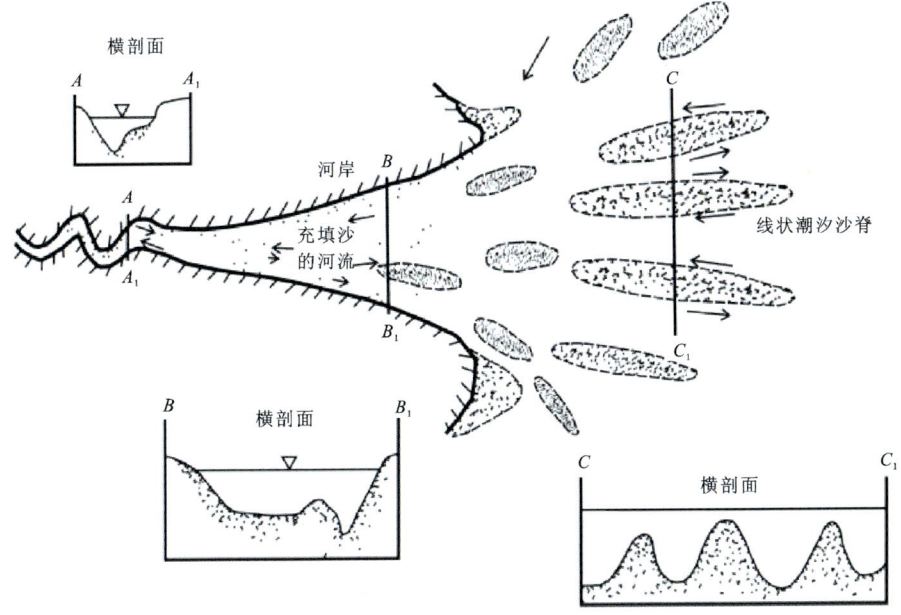

图 5-9　潮控三角洲及潮汐沙脊的分布模式（据 Wright,1977）

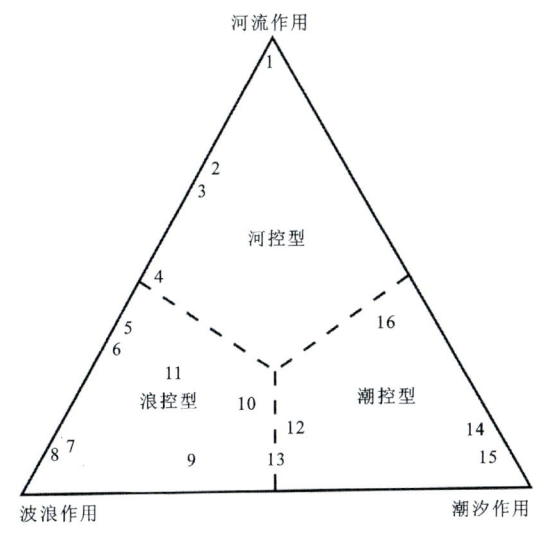

1.密西西比河三角洲;2.波河三角洲;3.多瑙河三角洲;4.埃布罗河三角洲;5.尼罗河三角洲;6.罗纳河三角洲;7.圣弗兰西斯科河三角洲;8.塞内加尔河三角洲;9.柏德金河三角洲;10.尼日尔河三角洲;11.奥里诺科河三角洲;12.湄公河三角洲;13.科珀河三角洲;14.孟加拉湾恒河-布拉马普特拉河三角洲;15.巴布亚湾三角洲;16.马哈卡姆河三角洲

图 5-10　盖洛韦三角洲分类的三角图解（据 Galloway,1975）

三、海相三角洲的特点

海相三角洲包括河控三角洲、潮控三角洲、浪控三角洲及其相互之间的过渡类型。河控三角洲以河流作用为主,波浪作用和潮汐作用微弱,河流作用主要决定了沉积物的分布和特征(图5-11)。浪控三角洲河口地区波浪作用强,波浪改造了河流搬运来的沉积物,三角洲前缘形成了类似海滩的沉积特征(图5-12)。潮控三角洲河口地区潮汐作用强,潮汐作用改造了河流搬运来的沉积物,三角洲平原下部-三角洲前缘类似潮坪-潮下的沉积特征(图5-13)。现重点介绍上述3类典型的三角洲。

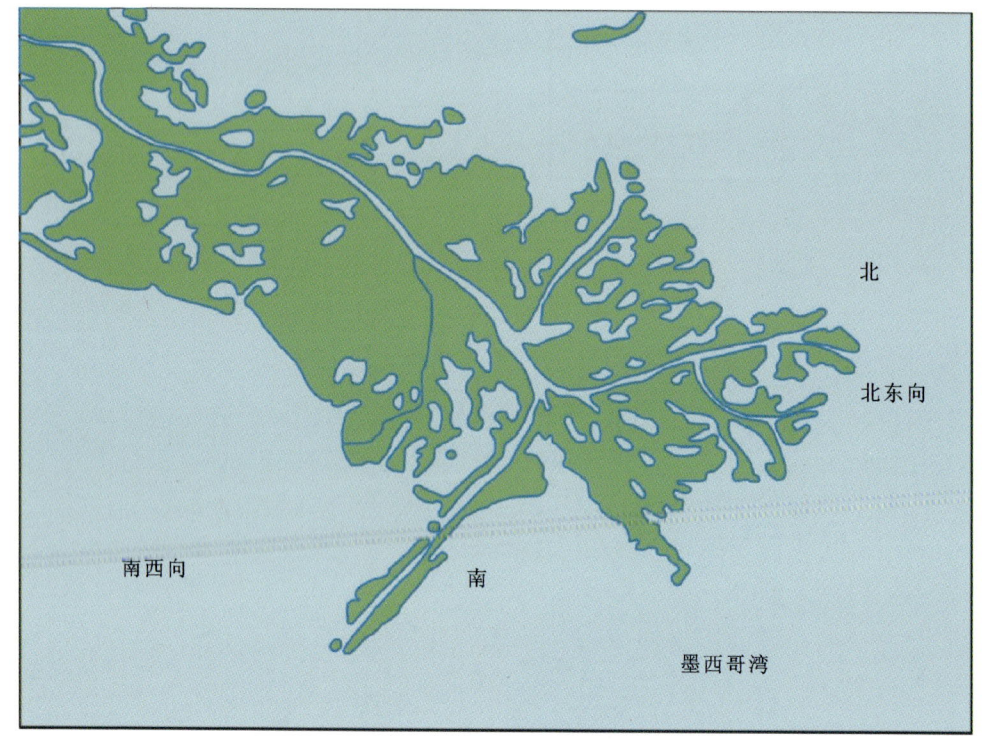

图5-11 密西西比河河控三角洲示意图(据Stephen Marshak,2019修改)

三角洲可分为三角洲平原、三角洲前缘、前三角洲3个亚环境。三角洲平原一般系指自主河道形成分流河道的起点到平均海平面之上的平原地区。三角洲前缘系指平面海平面到浪基面之上的地区。前三角洲系指浪基面以下的地区。三角洲平原地区是沉积类型较为丰富的区域,也是现代三角洲考察的重点地区。

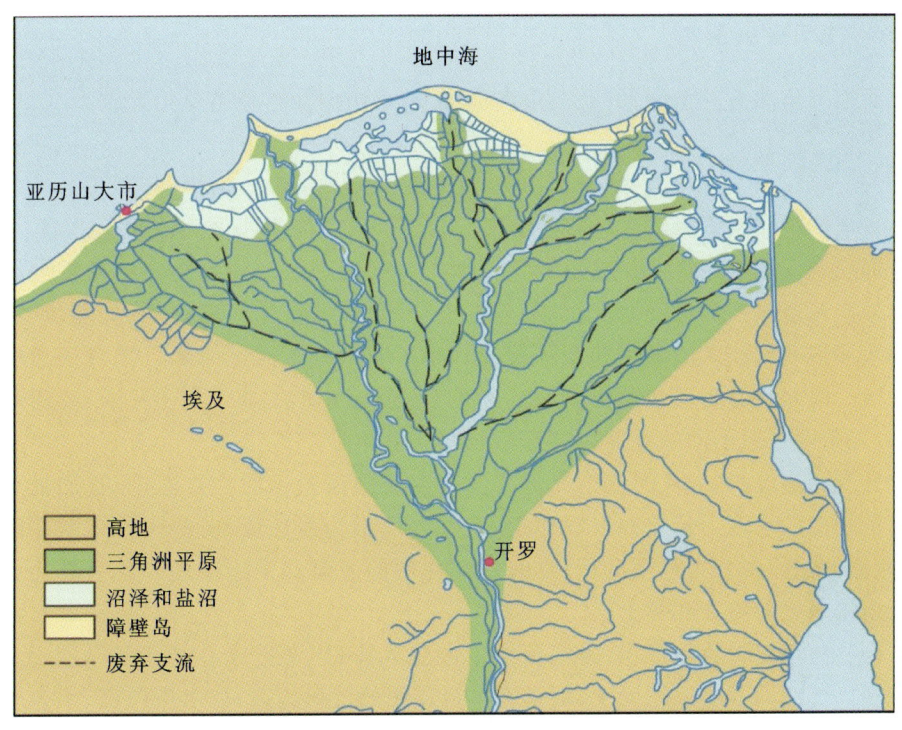

图 5-12 尼罗河浪控三角洲(据 Stephen Marshak,2019 修改)

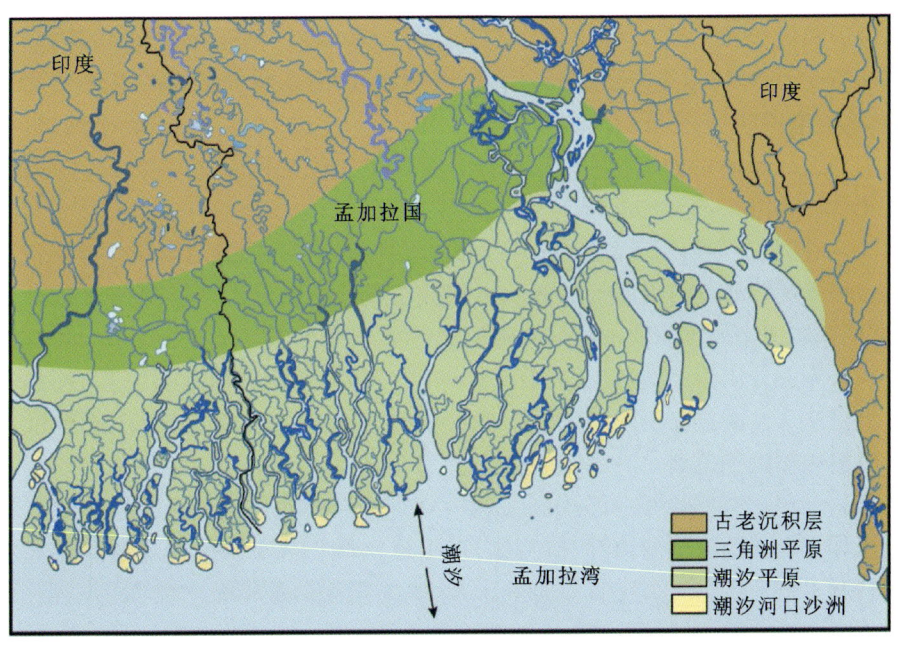

图 5-13 孟加拉湾恒河-布拉马普特拉河潮控三角洲(据 Stephen Marshak,2019 修改)

(一)河控三角洲

河控三角洲由三角洲平原、三角洲前缘、前三角洲3个环境单元组成。

1. 三角洲平原

三角洲平原系入海河流从开始分叉为分流河道至海岸线之间的水上部分,为一近海的广阔而低平的地区。三角洲平原主要由一系列活动的和废弃的低弯度或辫状的分流河道以及河道间地区组成,包括分流河道系统(如河口沙坝、天然堤、决口扇等)、河道间低洼区的湖泊和沼泽等亚环境。其中分流河道两侧可发育天然堤和决口扇。河间地带为低洼地区,包括小型聚水盆地(湖泊)和沼泽(泥沼、草沼和树沼)。三角洲平原不同的亚环境具有不同的沉积特征。

分流河道沉积:分流河道是河流将陆源物质向海搬运的主要通道,它们具有大陆河道相似的水动力特点和沉积作用,沉积物底面为侵蚀面,向上为较粗的滞留沉积,河道的主体主要为沙质沉积,具有水流成因的波痕和交错层理。最上部为含有大量植物根系的粉沙和黏土层。

分流河道河口沙坝沉积:分流河道下游到入海口,常形成心滩即河口沙坝。河口沙坝以纯净的沙质沉积为主,内具有水流作用的沉积构造,如水流波痕、水流交错层理等。它们与三角洲前缘的水下河道河口沙坝相连。

天然堤沉积:与河流环境的天然堤一样,三角洲平原上的天然堤也是洪水期从河道中溢漫的水流沉积的,它们均分布在河道两侧,平行河道延伸,横断面成楔状或不对称的透镜状,向河道一侧较陡,河道外侧较缓。上三角洲平原的天然堤发育较好,向下游高度减小,宽度增大。天然堤的物质组成主要是粉沙及粉沙质黏土,粒度向下游及远离河道变小。常见的沉积构造有小型水流交错层理、爬升层理、植物根痕以及动物的潜穴,生物扰动构造也很发育。

决口扇沉积:与陆相河流类似,当洪水冲破天然堤向分流河道间地区倾泻时,便在天然堤外侧的分流河道间形成扇状沉积体。决口扇上分布有辫状或网状决口水道,充填在水道中的沉积物一般具有水流交错层理或爬升层理。这些小型河道沙呈透镜状层夹在分流河道间的湖泊或沼泽相细粒沉积物(泥或粉沙质泥)之间。洪水的反复泛滥可使决口扇不断扩大,并直接覆盖在分流间湾的黏土层上,规模巨大的决口扇被称作次三角洲。

湖泊沉积:三角洲平原可分布有许多大小不同的湖泊,从小的暂时性的水塘到直径达几十千米的大型湖泊都有。它们多出现在低于潜水面的下陷地区或三角洲侧翼和泄水道地区,湖水较浅,多为淡水,水深小于4m,波浪及水流作用非常微弱。沉积物为含粉沙质透镜体的暗灰色及黑色黏土,具极细的纹层,多被生物强烈扰动,常含有双壳类介壳及黄铁矿,有的湖泊还有湖泊相三角洲沉积。

沼泽沉积：分流河道间地区地势低洼，地下水水位接近地表，湖泊被填满淤积，可形成沼泽。三角洲平原上沼泽分布广泛，有泥沼、草沼和树沼等，构成一个富含有机质的滞留还原环境。沼泽植物随盐度、排水情况等因素的不同而不同。不同的沼泽植物群落形成不同类型的泥炭，所以三角洲平原是个很好的成煤环境。

2. 三角洲前缘

河控三角洲前缘的河流作用较强，河流分流流入海洋可形成水下河道，水下河道可形成河口沙坝和水下天然堤。分流河道间的区域为分流河道间湾（简称分流间湾）。三角洲前缘外部分流河道消失，形成三角洲前缘席状沙体，部分深入远端的水下河道可形成远沙坝。因此，河控三角洲前缘内部分为水下分流河道和河口沙坝、分流间湾，外部分为三角洲前缘席状沙及远沙坝。

水下分流河道和河口沙坝沉积：水下分流河道是陆上三角洲平原分流河道的向海水下延伸，河流作用越强（流量、流速越大），延伸的距离越远。当流动的河水遇到海水阻碍并与海水混合，水流速度降低，河流搬运的沉积物就会沉积，形成分流河口沙坝。分流河口沙坝是在分流河道入海口附近形成的沙质浅滩。分流河道沙坝沉积主要是沙及粉沙，分选、磨圆均很好，缺乏泥质组分。常见的沉积构造为水流形成的波痕或交错层理。水下分流河道两侧可形成水下天然堤，其岩性较分流河道沉积物细，以细沙、粉沙为主，具小型水流波痕或交错层理。水下分流河道及河口沙坝底质活动性大，不利于底栖生物栖息，故化石稀少，偶有异地搬运来的破碎介壳分布在坝顶和坝的上部。河口沙坝在平面上多呈新月形或与河口平行的长轴状，横剖面呈双凸的透镜状。水下分流河道和陆上分流河道的沙体随河道延伸展布，空间上形成狭长的指状沙体，又称指状沙坝。

分流间湾沉积：分流间湾是指分流河道之间的海湾，发育于分流河道之间的低地和废弃的三角洲朵体下陷地区。分流间湾主要沉积物为决口水道和泛滥洪水携带来的细粒悬浮的泥和粉沙，也可有细沙的沉积。分流间湾沉积物水平层理发育，底栖生物有双壳类、腹足类等。生物扰动构造强烈。当三角洲向海推进时，这些海湾最终多被决口扇、次三角洲或泛滥洪水带来的沉积物充填，所以在三角洲沉积序列中，分流间湾常呈泥质层被保存下来。

三角洲前缘席状沙沉积：三角洲前缘席状沙位于三角洲前缘外部，是河口沙坝受波浪、潮汐和沿岸流强烈改造和再分配的席状沙层。沙层面积广大，层厚向海逐渐变薄，主要成分为细沙及粉沙，分选好，成熟度高，质纯，也可成为很好的储集层。席状沙沉积构造主要为小型浪成波痕的浪成交错层理。三角洲前缘席状沙常含有广盐度生物化石，生物遗迹常见，具一定的生物扰动。

远沙坝沉积：远沙坝位于三角洲前缘席状沙上，为新的水下河道向海进一步延伸而成，实际上是三角洲前缘外部新的水下河道沉积。远沙坝一般为细沙、粉沙沉积,常含有泥质。内具小型水流波痕或交错层理,也具受波浪改造形成的小型浪成波痕或交错层理。该带可有底栖生物生活,含有生物化石及潜穴遗迹,生物扰动构造非常发育。

3. 前三角洲

前三角洲位于三角洲前缘外部,浪基面之下。该带基本不受波浪作用影响,沉积物以细粒泥质沉积物为主,包括黏土质和细粉沙质沉积。由于前三角洲的物源来自河流搬运来的沉积物,故其物源供应较为充裕,沉积速率较快,因此常见均质层理,也见水平层理。前三角洲生物非常发育,主要为广盐度的生物,如双壳类、介形类、腹足类、有孔虫等,生物遗迹和生物扰动强烈。富有机质的前三角洲沉积和埋藏速率快,且处于还原条件,有利于有机质保存,是良好的生油层。

前三角洲与陆棚浅海沉积过渡,其沉积物均为细粒泥质沉积,前三角洲受河流影响,内含广盐度生物,而正常浅海不受河流影响,其生物为适应正常盐度海水的狭盐度生物。

(二)潮控三角洲

潮汐三角洲主要发育在中—大潮差地区,该区潮汐作用强烈,波浪作用和河流作用相对微弱。在强潮流作用下,河流搬运到河口地区的沉积物被潮流强烈改造,三角洲前缘形成大致垂直于岸线、平行于潮流方向的潮汐沙体。现代孟加拉湾是世界著名的大潮差地区,来自青藏高原的河流在孟加拉湾形成典型的潮控三角洲,如孟加拉湾恒河-布拉马普特拉河潮控三角洲(图5-13)。该三角洲潮汐作用强烈,沙体向海延伸95km左右。位于巴布亚新几内亚的巴布亚湾,潮汐作用强烈,弗莱河三角洲也是典型的潮控三角洲(图5-14)。

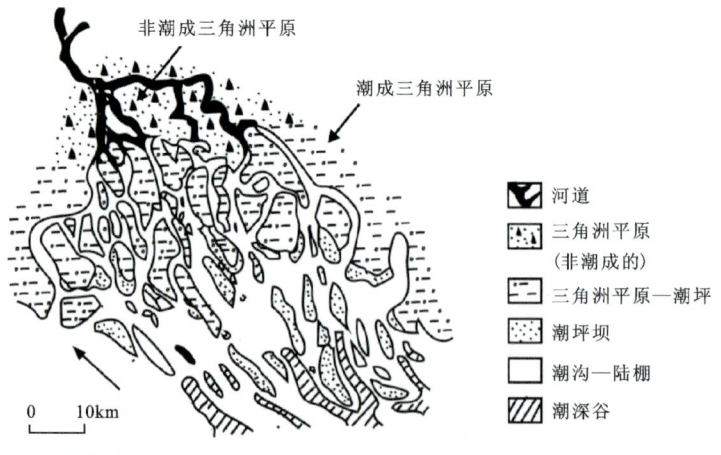

图5-14 巴布亚湾弗莱河潮控三角洲(据Fisher et al.,1969)

潮控三角洲也由三角洲平原、三角洲前缘、前三角洲三部分组成。

1. 三角洲平原

潮控三角洲平原为三角洲的水上部分。由于三角洲平原受河流和潮汐作用共同影响,因此形成上部(靠陆地部分)的非潮成的河控三角洲平原和下部(靠海部分)的潮成三角洲平原(图 4-14)。非潮成的河控三角洲平原主要受河流作用控制,类似河控三角洲平原,由分流河道和河道间的湿地(湖泊或沼泽)组成,分流河道具有底部冲刷面、下部的河道沙体、上部的天然堤及决口扇;湿地湖泊、沼泽为富有机质的泥质沉积,其沉积特征与河控三角洲平原类似。潮成三角洲平原主要受潮汐作用控制,沉积特征类似于潮坪,以具有潮汐层理(脉状层理、波状层理、透镜状层理)的沙和泥交互沉积,或生物遗迹发育,生物扰动强烈,形成块状层理。

2. 三角洲前缘

潮控三角洲的三角洲前缘为三角洲的水下部分,底界为正常浪基面。三角洲前缘上部受强烈的潮汐作用改造,河流搬运来的沉积物受到潮流簸选,细粒的黏土和细粉沙被带走,主要为沙或粗粉沙沉积,并形成平行于潮流流向的放射状沙体,类似于潮汐作用的滨海的潮下带。三角洲前缘的沉积构造主要为潮汐水流形成的水流波痕、双向交错层理、双黏土层、潮汐束状体、B-C 层理及浪成交错层理等。潮控三角洲前缘的沙体走向大致垂直于岸线、平行潮流方向,平行或放射状分布。三角洲前缘的下部席状沙潮流作用减弱,波浪作用增强,一般为小型浪成波痕、交错层理和水平层理的细沙或粉沙及泥。单个旋回的三角洲前缘的沉积厚度与浪基面深度大致相当。

3. 前三角洲

前三角洲位于浪基面之下的三角洲外缘,由于没有波浪或潮汐作用,水体安静。类似河控三角洲的前三角洲,主要为黏土质、粉沙质沉积,内具水平层理或均质层理,广盐度生物化石发育,可见生物遗迹或生物扰动。

(三)浪控三角洲

浪控三角洲发育在中、高能波浪地区,一般都面向开阔海湾或大洋,潮汐作用、沿岸流作用及河流作用相对于波浪作用都比较小,或不起主导作用。在强波浪的影响下,河流搬运来的沉积物受波浪作用强烈改造,形成平行于海岸线的无障壁海滩或潟湖-障壁沙坝。图 5-12 为尼罗河流入地中海,在海岸强波浪作用下形成的典型浪成三角洲。在浪成三角洲中,河流倾泻在河口区的沉积物在波浪的强烈淘洗下,泥几乎完全被带到陆棚浅海中,沙堆积在海岸带,在河口侧翼形成海滩脊。河口沙坝在向海推进的过程中不断被波浪改造为向海凸出的、与岸线平直的尖嘴形沙体。

现代海相三角洲还有一种波浪和沿岸流共同作用形成的三角洲,表现为受沿岸流影响河道转向与海岸线大致平行,然后进入海洋。与浪控三角洲类似,其岸线附近也发育海滩。

浪控三角洲也分为三角洲平原、三角洲前缘、前三角洲3个环境单元。

1. 三角洲平原

在浪控三角洲平原地带,由于河流与波浪作用相互消长的变化,上三角洲平原河流作用仍占据主导作用,下三角洲平原才显现有明显的波浪改造的迹象,尤其在岸线附近形成波浪强烈改造的海滩或障壁沙坝。浪控三角洲平原也可以分为河道或分流河道、河道间的湿地(湖泊或沼泽)等环境,其中河道可以形成分流河道(如罗纳河三角洲和尼日尔河三角洲),也可以仅有一个主河道(如弗朗西斯科河三角洲),还有主河道迁移发育一个主河道(如尼罗河三角洲)。三角洲平原上的河道常为较顺直的河道,也有弯曲的河道,类似于像河流的曲流河(如弗朗西斯科和尼罗河)。

无论是三角洲平原的主河道还是分流河道,都发育类似陆相河流的沉积特征。河道发育心滩或边滩,河流沉积底部为冲刷面,自下而上由河道的中粗粒沙—中细粒沙逐渐变为天然堤和决口扇的细沙、粉沙、泥,沉积构造由河道下部的大型水流波痕和交错层理变为河道上部及天然堤、决口扇的小型水流波痕、水流交错层理和爬升层理。

三角洲平原的河道间为湿地湖泊、沼泽环境。在热带亚热带地区可形成红树林沼泽(如弗朗西斯科河三角洲平原、尼日尔河三角洲平原)。与河控三角洲平原河道间湿地类似,其沉积物主要为暗色中厚层的黏土岩、粉沙质泥岩、泥质粉沙,内具水平层理或均质层理,沉积物有机质含量高,可形成煤线或煤层。植物化石发育,保存完好。

2. 三角洲前缘

浪控三角洲平原与三角洲前缘过渡区为波浪作用强烈改造的地区,河流搬运来的沉积物受强烈的波浪簸选、改造,形成类似于无障壁海滩或障壁沙坝。它的亚环境可分为后滨、前滨、临滨等,其沉积特征类似于高能海滩环境。

3. 前三角洲

前三角洲位于浪基面之下,一般为具水平层理的泥质沉积。由于波浪作用的充分混合,此处海水盐度接近正常,因此与陆棚浅海难以区别,可发育广盐度生物,也可以出现狭盐度生物。

第六章
海南岛的内陆地貌

海南岛轮廓形似一个大雪梨，呈椭圆形，长轴呈东北至西南向，长约290km，西北至东南宽约180km，面积3.39万km²，周围-5m至-10m的等深地区达2 330.55km²，相当于陆地面积的6.8%。

海南岛中间高耸、四周低平，向外围逐级下降，由山地、丘陵、台地、平原构成环形层状地貌，梯级结构明显。海南岛中部偏南为五指山脉，呈穹隆山地形，丘陵主要分布在海南岛五指山脉外围的内陆地区。山地和丘陵占全岛面积的38.7%。在山地丘陵北侧，广泛分布着宽窄不一的火山岩台地，占全岛总面积的49.5%。环岛多为滨海平原，占全岛总面积的11.2%（图6-1）。

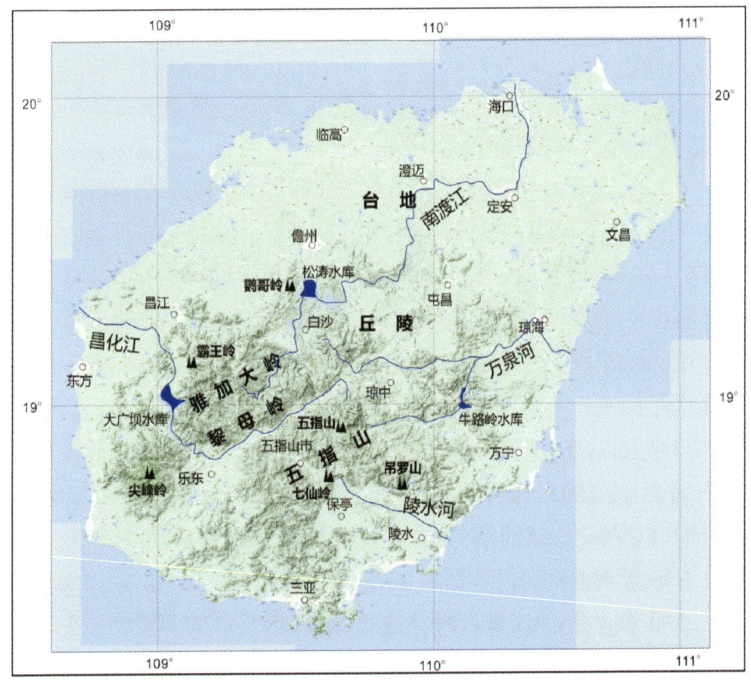

图6-1 海南岛的内陆地貌特征

第一节　山　地

　　海南岛的山地位于岛中部偏南,北界为光雅、儋州、仁兴、屯昌、乌坡、龙塘,南界为长茅、田独、保亭、光坡,东界至东升、军田、兴隆,西界达昌江、大田、尖峰等,面积 8639km²,占全岛面积的 25.1%。中部山地在海拔 500m 以上,是海南地貌的骨架,构成了海南岛的最高脊,海拔 500～800m 的低山约 2 571.4km²,占 29.8%。海拔 800m 以上的中山面积 6 067.6km²,占山地的 70.2%。大致以乐东—屯昌一线为界,以东为五指山脉,以西为黎母岭-雅加大岭山脉,均呈北东-南西走向。五指山山脉,主要山峰有自马岭、五指山、吊罗山、七指岭、马咀岭等;黎母岭山脉,主要山峰有黎母岭、鹦哥岭、猴猕岭、尖峰岭等;雅加大岭山脉,主要山峰有雅加大岭、霸王岭和仙婆岭等(图 6-1)。中部山脉的最高点为五指山,海拔 1867m,也是海南岛的最高峰;海拔超过 1400m 的山峰还有鹦哥岭(1812m)、猴猕岭(1655m)、黑岭(1560m)、三角山(1499m)、尖峰岭(1412m)、黎母山(1411m)等。

　　山体主要由花岗岩组成,山地山形总体高峻而圆浑,受花岗岩内部同生断裂(节理)及后期侵蚀风化作用的影响,可形成奇特美雅的形态。如五指山的"五指"形似 5 个脚趾,七仙岭的 7 个垂直的柱石(图 6-2),是海南热带雨林国家公园旅游的胜地。

　　2021 年 10 月 12 日,海南热带雨林被批准成为第一批国家公园,公园涵盖并连通了五指山、鹦哥岭、尖峰岭、霸王岭、吊罗山 5 个国家级自然保护区和黎母山、猴猕岭、佳西、俄贤岭 4 个省级自然保护区,尖峰岭、霸王岭、吊罗山、黎母山 4 个国家森林公园,南高岭、子阳、毛瑞、猴猕岭、盘龙、阿陀岭 6 个省级森林公园等。

　　五指山位于海南岛中部,因其五峰相连形如手指而得名。1985 年 11 月,经广东省人民政府批准建立五指山省级自然保护区,2003 年由国务院批准晋升为国家级自然保护区,是以保护热带雨林生态系统、珍稀动植物资源及栖息地为主的森林生态系统类型自然保护区。

　　鹦哥岭位于海南岛的中南部,因过去漫山遍野飞舞着羽毛绚丽多彩的鹦鹉而得名。2004 年由海南省政府批准成立为海南鹦哥岭省级自然保护区,2014 年晋升为国家级自然保护区,是以典型的热带雨林生态系统为主的自然保护区。

　　尖峰岭位于东方市和乐东县境内,因其主峰形似尖刀而得名。海南尖峰岭国家级自然保护区始建于 1956 年,属森林生态系统类型的自然保护区。

　　霸王岭位于昌江黎族自治县东南部,1986 年晋升为国家级自然保护区,属热带雨林和海南长臂猿等野生动物类型保护的自然保护区。

第六章 海南岛的内陆地貌

图6-2 五指山脉的"五指峰"(A、B)和七仙岭的"七仙峰"(C、D)

吊罗山位于海南岛东南部,跨陵水、保亭、琼中三县,1984年为省级保护区,2008年晋升为国家级自然保护区。

海南热带雨林国家公园森林覆盖率为95.86%,植被有热带雨林、南亚松林、橡胶林、桉树林、马占相思林、加勒比松林等类型,形成海南热带植物特殊的生态系统(图6-3)。负氧离子含量均在8000个/cm^3以上,核心区达15 000个/cm^3左右,可谓天然氧吧。雨林有野生维管束植物220科1142属3577种,其中国家一级保护植物坡垒、伯乐树、海南苏铁、葫芦苏铁、龙尾苏铁、台湾苏铁6种,国家二级保护植物桫椤、土沉香、降香黄檀、海南紫荆木、蝴蝶树等34种,特有植物有尖峰青冈、霸王玉兰、吊罗山萝芙木、五指山含笑、海南菊、海南翠柏、雅加松等428种。

海南热带雨林国家公园有脊椎动物5纲38目145科414属627种,包括国家一级保护动物海南长臂猿、坡鹿、云豹、蟒蛇、圆鼻巨蜥、海南山鹧鸪、海南孔雀雉、鼋8种,二级保护动物猕猴、水鹿、黑熊、中华穿山甲、小爪水獭、原鸡、白鹇等67种,海南特有动物有海南长臂猿、鹦哥岭树蛙、霸王岭睑虎、海南山鹧鸪、海南孔雀雉、海南新毛猬等33种。

A.霸王岭热带雨林;B.五指山热带雨林;C.七仙岭热带雨林树抱石;D、E.七仙岭热带雨林藤缠树
图6-3 海南五指山热带雨林特殊的生态特征

第二节 丘 陵

海南环山丘陵带面积不大,仅占海南岛面积的13.1%(图6-1)。丘陵地具有海拔450m、350m、250m三级夷平面。丘陵之间的盆地,如白沙盆地、屯昌盆地、乐东盆地和琼海石壁盆地等。海拔350m以下的低丘、谷地、盆地内,有充足雨量和河水的滋润,土质很好,又具备防风条件,非常适宜于发展天然橡胶产业和种植热带经济作物,因而环山丘陵带成为海南橡胶热作分布带,也是中国最大的橡胶热带作物基地。

第三节 台 地

海南岛的台地在各类地貌约占全岛总面积的1/3。宽广的台地主要分布在琼北地区,可分为海拔20m和40~50m两级,逐渐向海倾斜。

台地地貌类型多样化,有玄武岩台地、花岗岩台地、红岩台地、变质岩台地。其中玄武岩台地面积最大,达4159km²,占台地总面积的40%。在玄武岩台地上,分布着典型的火山熔岩地貌,是由第四纪雷琼地区大规模的岩浆喷流形成,海南岛北部遍布着成群的古火山锥及大面积覆盖的玄武岩。海南岛北部火山锥有101个,火山口有110多个(图6-4),最典型的是琼山西部的石山、永兴一带分布着数十座火山口和遍地火山岩。玄武岩台地是火山喷发的熔岩在地表流动、层叠而成的低平台地,如琼山羊山地区、儋州木棠、定安龙塘等地都有大片这种地貌。熔岩地貌还形成

A.马鞍岭火山锥、火山口;B、C、D.定安皇来火山喷气碟

图6-4 海南岛火山地貌

熔岩隧道,如琼山石山一带"仙人洞""卧龙洞"等隧道 11 条,隧道一般宽 10 多米,高 2~4m,最长的 1200 多米。定安皇来一带还发育火山喷气形成的喷气碟,成为一奇特的自然奇观(图 6-4)。

第四节　沿海平原

海南岛沿海平原带是海南岛地貌环带结构的最外一环,面积 7800 多平方千米,由海岸平原、潟湖平原、三角洲平原 3 种地貌组成。

一、海岸平原

海岸平原是由早期海岸沙坝和沙坝后干涸的低洼潟湖、沼泽相间组成的平原。沙坝可由多条组成,地势起伏,高处是沙坝,土质沙性,生长耐旱植物;低处是灰黑色沼泽地,土质较黏。沙坝一般平行于海岸线分布,因此海南岛东、西海岸形成近南北向的沙坝群,南北海岸形成东西向的沙坝群。在海南岛西南部乐东莺歌海一带,沙坝群由 2 组不同走向的沙坝组成,呈三角形岬角凸入海中,沙坝内为一被淤塞、干涸的潟湖洼地。

二、潟湖平原

潟湖平原系指现代海岸沙坝后方的潟湖及其周围的平原。海南岛的潟湖在东海岸的琼海博鳌、万宁小海、陵水新村、陵水黎安和西岸的儋州洋浦最为典型。海南最大的潟湖万宁小海,由一沿岸沙坝分隔而成,潟湖尚未干涸成洼地,故称潟湖,与潟湖周围的平原共同组成潟湖平原。

三、三角洲平原

三角洲平原是在江河出口处由泥沙堆积而成的平原。海南岛全岛入海的河流 154 条,由于海南岛雨量充沛、山林茂密,且河流中上游均修建水库蓄水,流量减少,因此河流含沙量不大,绝大多数江河出口沉积物堆叠不厚,如昌化江、万泉河、陵水河等河口都仅停留在三角洲的雏形和原始状态,位于海口市的南渡江三角洲是海南最大的三角洲,由南渡江口的古溺谷湾,经千万年淤积含有贝类的细沙泥等海相、河相沉积物而成,海口市区即坐落于三角洲平原上。

第七章
海南岛的海岸地貌

海南岛四面环海，海岸线曲折绵长，全长约1823km，分布大小天然港湾68个（图7-1）。从地质角度看，海南岛的海岸可以分为基岩海岸、沉积海岸和过渡型海岸。基岩海岸是由岩石组成的海岸，海水直接拍打在基岩上。海南岛北部火山岩平台区的基岩海岸主要由第四纪火山岩组成；南部海岸主要由花岗岩及变质岩组成；过渡型海岸由基岩＋砾石滩或沙滩、波切台＋海蚀柱等构成。海南岛北部基岩海岸和过渡型海岸发育较少，且分布局限，如临高县的临高角，为第四纪玄武岩受侵蚀形成的基岩波切台的砾石滩，文昌县的石头公园，为尖岭花岗岩受海蚀作用形成的基岩和砾石滩。海南岛南部的基岩海岸和过渡型海岸发育稍多，如陵水县新村潟湖外侧的障壁岛主要由花岗岩及变沉积岩组成，局部形成基岩＋沙滩过渡型海岸；陵水赤岭、三亚鹿回头、虎头岭、白虎岭、南山（大小洞天）等主要由花岗岩基岩海岸组成，局部为早古生代的变沉积岩。主要形成坡切台、砾石滩、海蚀柱等。

相对于基岩质海岸和过渡型海岸，海南岛沉积型海岸更为发育，广泛分布于海岛四周的大部分海岸地区。海南岛沉积型海岸大致分为5类：一是河口地区的三角洲。二是外无障壁的海滩和开放海湾，如北岸的海口湾、澄迈湾、海南湾、后水湾等；南岸的崖州湾、三亚湾、海棠湾、清水湾等；东岸的香水湾、日月湾、正门海等；西岸的北黎湾、棋子湾等。三是由障壁阻隔的潟湖（港湾），如陵水新村潟湖、黎安潟湖、万宁小海潟湖等。四是由外海伸向内陆的半封闭海湾（潮坪），如海口和文昌之间的铺前港（东寨港），文昌清澜湾（港），万宁的东澳湾，三亚的铁炉港、榆林港，儋州的儋州湾，临高的新盈港、金牌港，澄迈马袅港、澄迈湾（富力湾）。五是碳酸盐海岸，包括生物礁和海滩岩海岸。

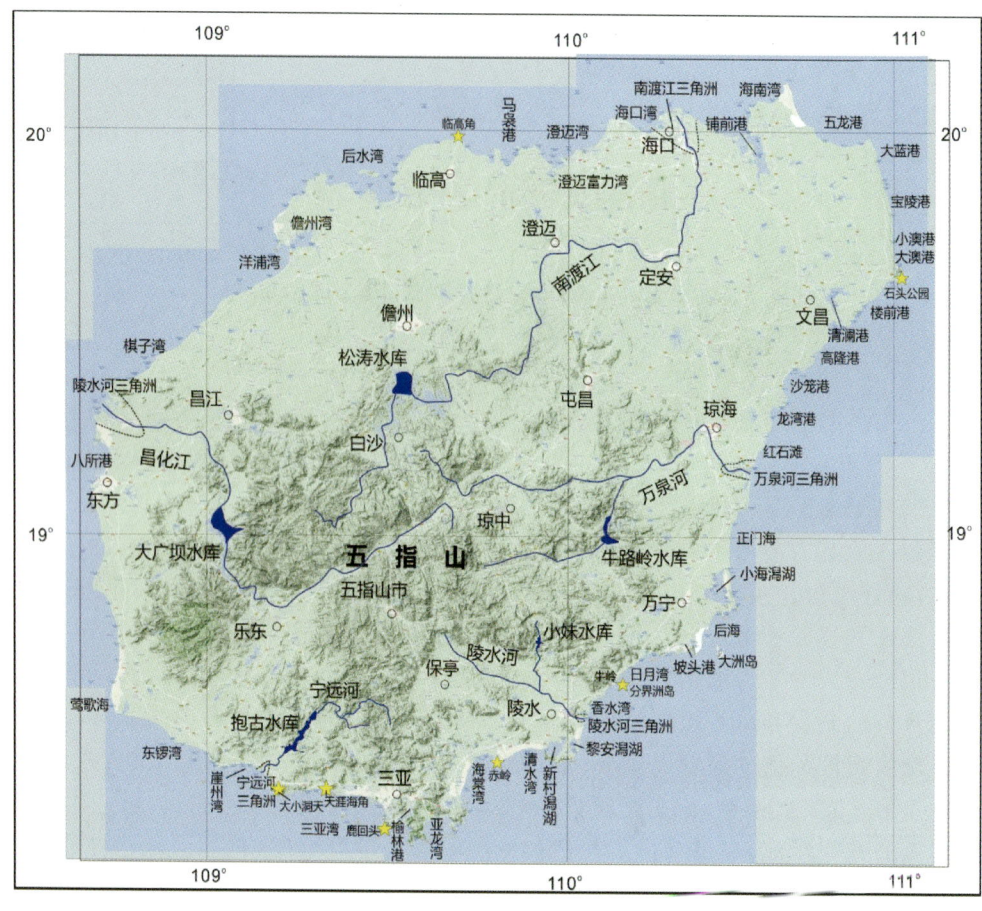

图 7-1 海南岛的海岸类型

第一节 海岸带地貌相关概念

海南岛沉积型海岸带地貌类型较复杂,尤其是同时具有河流、波浪和岸流、潮汐共同作用的海岸环境易于造成混淆,加上传统术语或近期商业开发需要,使得部分海岸地貌名称不规范,有必要对有关概念予以说明。

一、潟湖

潟湖为障壁岛或障壁沙坝围限的沙坝后侧的内海,沙坝内侧主要受潮汐作用控制,沙坝外侧主要受波浪和岸流作用控制,潮汐通道连接外侧的广海和内侧的潟湖,潟湖的水体主要为海水(表 7-1)。

表 7-1　潟湖、海湾和三角洲的区别

类型	定义	特征	实例
潟湖	由外侧障壁岛或障壁沙坝围绕的内海，障壁上有潮汐通道连接外海	主要受潮汐通道涨潮、退潮影响，环潟湖可形成潮坪沉积，可有河流注入	万宁小海潟湖、陵水新村潟湖、陵水黎安潟湖
海湾	有陆地岬角环绕的内海，内海海域面积大于岬角突出点之间距离作为半径的半圆面积	主要受海洋作用影响，环潟湖常为潮坪沉积，可有河流注入，形成小三角洲	海口铺前湾、文昌八门湾、澄迈富力湾、儋州儋州湾
三角洲	由河流注入海洋，以河流作用为主导，可受波浪、潮汐、岸流改造的河-海过渡区	主要受河流作用影响，可受波浪、潮汐、岸流作用影响	海口南渡江三角洲、琼海万泉河三角洲、昌江昌化江三角洲等

潟湖可以有河流注入，但控制潟湖总体沉积的是通过潮汐通道进出的潮水（表 7-1）。海南岛有的潟湖没有河流流入，如陵水黎安潟湖；有的潟湖有河流流入，如万宁小海潟湖北侧、南侧分别有 2 条河流注入，陵水新村潟湖西侧有一条小河流注入。河流的淡水注入对潟湖水体盐度会产生影响，进而影响生物类型，如黎安潟湖无河流注入，水体盐度与海水一致，新村潟湖流入的河流水量较小，对盐度影响不大，因此这两个潟湖中都保存了典型的海相生物特色，内可见只有在正常盐度的海水中才能生活的珊瑚类生物。小海潟湖的 4 条河流注入潟湖的水量较大，对盐度有一定影响，因此潟湖内以广盐度生物（如双壳类、腹足类）为主。河流除对潟湖水体盐度有影响外，潟湖周围的沉积物也会发生一些变化，在入湖河流的河口地区会出现小型三角洲沉积。

从整个潟湖看，影响和控制其沉积的主导因素是通过潮汐通道的潮流带来的海水，即潮汐作用主要控制潟湖沉积。因此，这类内海应归类于潟湖海岸。

二、海湾

《联合国海洋法公约》（1982 年）第十条第二款定义的海湾是海水凹入陆地、被陆地环抱的水域（水曲），而不仅为海岸的弯曲。海湾凹入水曲的水域面积等于或大于横越曲口所划的直线作为直径的半圆形的面积。小于该面积的水曲不应视为海湾（图 7-2）。地质意义上的海湾系指深入内陆的局限海域（常称为港湾），不是地理或人文上俗称的海湾（如三亚湾、清水湾等）。为了照顾习惯，本书沿用习惯用语，但本章描述的海湾为地质意义的海湾。

海湾为受陆地环抱的海域，主要受潮汐作用影响，波浪作用相对微弱，海湾四周

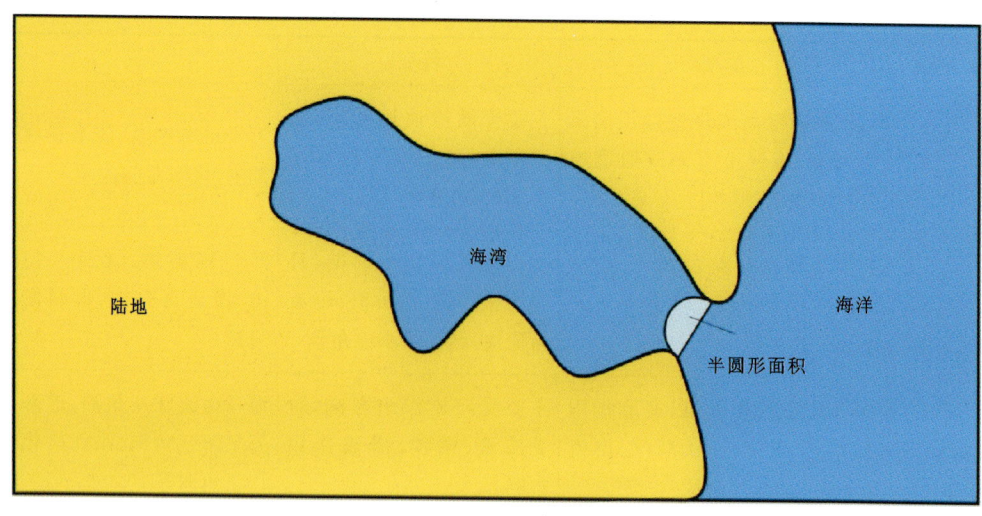

图7-2 海湾的定义示意图

潮坪发育(表7-1)。海南岛的海湾,湾口地区常常受沿岸流和波浪的影响,形成沙坝(如澄迈的富力湾),容易与潟湖混淆。海湾内部常有河流注入(如文昌清澜港的八门湾、儋州的儋州湾),易于和三角洲混淆。虽然海湾有河流注入,但对海湾沉积没有决定性影响,仅局部发育河流三角洲。海南岛的海湾以发育红树林为特色,是一种集地质环境、生态及旅游资源于一体的特殊景观。

三、三角洲

三角洲是河流入海口,主要由河流搬运来的沉积物堆积形成(表7-1)。海南岛的河流作用受流域雨林植被发育、雨量充沛的影响,且上游修建水库削弱了河流作用的影响,因此河口区地质作用不强。加上波浪、潮汐、岸流作用强烈,三角洲又受到这些作用的改造,形成浪控、潮控、岸流控制的改造型三角洲。不仅如此,同一三角洲,既有波浪和岸流的影响,又有潮汐作用的影响,使其更为复杂。如昌化江三角洲,三角洲平原外侧为一沿岸沙坝,该沙坝是沿岸流和波浪作用共同控制形成的三角洲。河流入海口受沙坝控制形成类似潟湖的潮汐通道的河道。三角洲平原下部受潮汐作用影响,特征类似于潮控三角洲的潮成三角洲平原,三角洲平原上部(潮水达不到的区域),特征类似于非潮成(河控)三角洲平原。这种三角洲与潮坪、潟湖易于混淆。因为其有大的河流入海,河口平原以上河流作用为主导,因此归类于三角洲环境。

第二节 海南岛的三角洲

海南岛自中部山区或丘陵区向四周海域发育众多河流,全岛入海的河流 154 条。其中流域面积大于 100km² 的有 39 条,流域面积小于 100km² 的河流 115 条。海南岛五大河流为南渡江、万泉河、陵水河、宁远河、昌化江(图 7-1),流域面积分别为 7033km²、3693km²、1131km²、1020km²、5150km²。流域面积在 500~1000km² 的河流有珠碧江、望楼河、文澜江、北门江、太阳河、藤桥河、春江和文教河等。

在河流入海口地区,由于河流和海洋波浪、潮汐、沿岸流的相互作用,形成了各种类型的三角洲。由于海南岛处于热带亚热带海洋气候条件下,地表植被发育,且河流中上游多建有水库蓄水,因此下游河流流量不大,流速不高,加上海岸带波浪、潮汐、岸流作用较强,因此海南岛的三角洲少数为河控三角洲,多数为受波浪、潮汐、岸流作用改造形成的改造型三角洲。现仅对海南岛五大河流的三角洲予以扼要介绍。

一、南渡江三角洲

海南岛的河控三角洲以南渡江三角洲较为典型。南渡江发源于白沙县南峰山,斜贯本岛北部,流经白沙、琼中、儋州、澄迈、屯昌、定安,至海口市入海(图 7-3),全长 334km,总落差 703m,100km² 以上的支流有 19 条。西昌水为南渡江最大支流,长 257km。南渡江三角洲位于南渡江在海口的入海处,是海南最大的三角洲。南渡江三角洲平原为南渡江口的古溺谷湾,由千万年淤积的含贝类细沙泥等海相、河相沉积物形成。由于三角洲平原位于海口市区北部,已充分开发,仅局部保留有分流河道河口心滩及三角洲平原始沉积。从三角洲平原的形态看,该三角洲平原总体为朵状,由河流作用控制,略受波浪作用改造的河控型三角洲。由于该三角洲位于海口市区,绝大部分为城市开发,出露三角洲平原的原始沉积甚少,不适合三角洲平原的地质考察。

二、万泉河三角洲

万泉河发源于五指山风门岭,流经琼中、万宁、屯昌、琼海,在博鳌港入海(图 7-4),全长 163km,总落差 523m,100km² 以上的支流有 8 条。其中定安河为最大支流,长约 88km。万泉河三角洲平原由 3 条分支河流入海口组成,北支流为万泉河,中支流为九曲江,南支流为龙滚河(图 7-4)。万泉河上游修建牛路岭水库,减弱了河流作用。由于河流作用减弱,潮水侵入,其特征类似于潟湖。九曲江和龙滚河入河口受

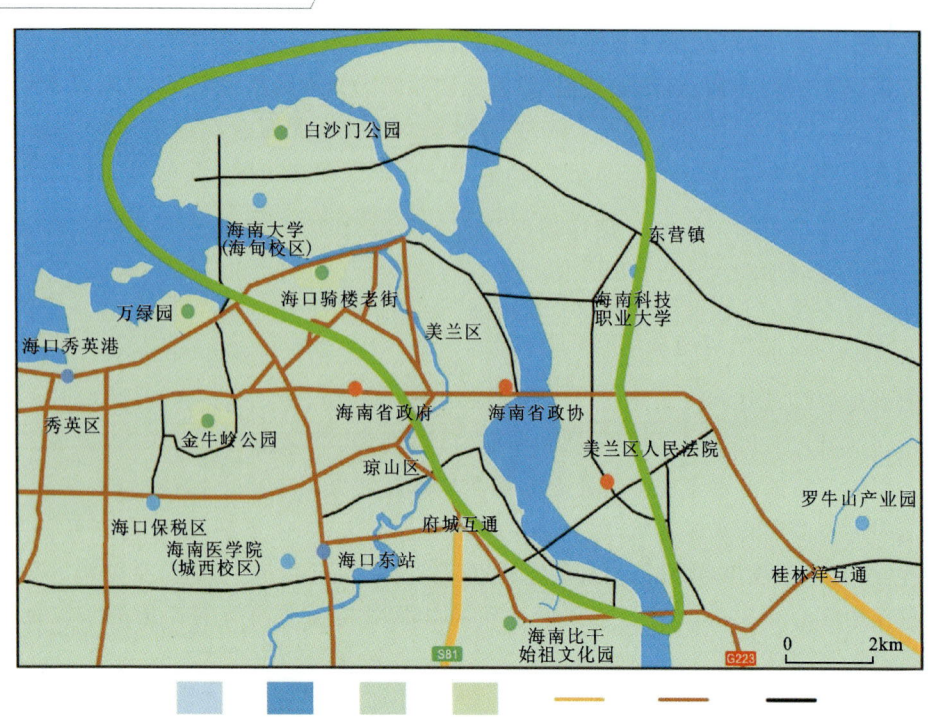

图 7-3 南渡江三角洲

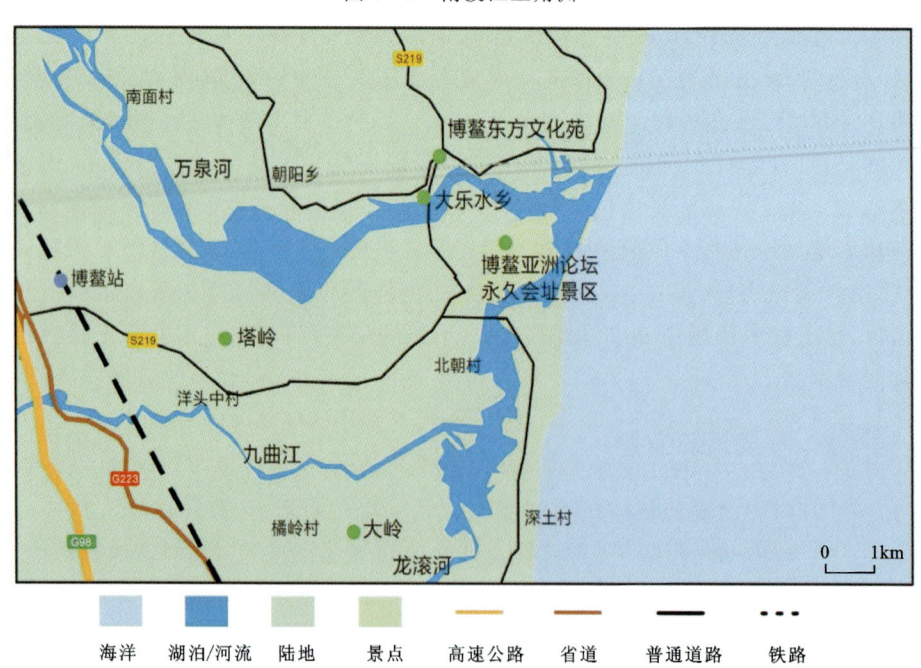

图 7-4 万泉河三角洲

由南向北的岸流影响,形成平行海岸线的沙坝,沙坝后侧为三角洲平原的蓄水盆地,与万泉河的蓄水盆地连通。该复合型三角洲位于3条河流的入海口,受河流、波浪、沿岸流、潮汐共同作用,属于一个河流、波浪、沿岸流、潮汐共同影响的复合三角洲。博鳌亚洲论坛会址位于该三角洲平原的河心岛上,周围也开发了商住区,几乎没有出露三角洲平原的原始沉积,不适合三角洲平原的地质考察。

三、陵水河三角洲

陵水河发源于海南省保亭县贤芳岭,经保亭县、陵水县,在陵水县陵城镇水口港汇入南海,干流全长73.5km(图7-5)。陵水河主要支流有保亭河、溪仔河、都总河等。上游吊罗山山谷中修有小妹水库,减弱了下游的河流地质作用。陵水河入海口北侧为水口岭,南侧为自南向北的沙坝,入海口河道中心为椰子岛等2个心滩(图7-5)。陵水河三角洲属于典型的岸流控制的三角洲。三角洲平原基本保存了原始状态,适合野外地质考察,但其河流沉积特征过于简单,外侧沙坝类似于海滩沉积。

图7-5 陵水河三角洲

四、宁远河三角洲

宁远河发源于保亭县红水岭,流经保亭、乐东、三亚等县市,干流总长 83.5km,为海南第四长河流。宁远河从毛感石林出发,上游流经崇山峻岭和原始密林,中游进入三亚北部的丘陵地区,到了三亚西北部进入平缓的下游河谷平原,最后在三亚的崖城镇入海(图 7-6)。因河流上游修建抱古水库,也减弱了河流地质作用。宁远河主流河口呈喇叭口状,为主要受潮汐作用控制的三角洲,主流西侧存在一半岛,可能是早期河流心滩的残余。该心滩为城市开发,喇叭状河口也为养殖业开发,虽然局部可见原始沉积,也不适合野外地质考察。

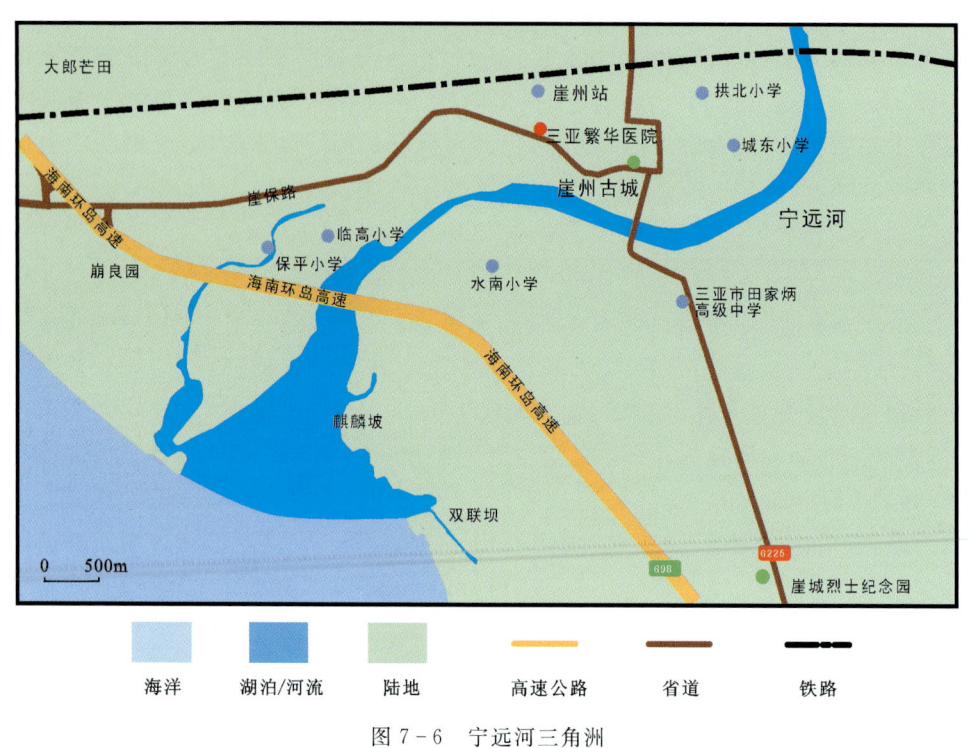

图 7-6 宁远河三角洲

五、昌化江三角洲

昌化江干流发源于五指山北麓的琼中县空示岭,干流流经琼中、五指山、乐东、东方和昌江等市县,干流全长 232km。昌化江干流自琼中县空示岭发源,先北流至番响,折向西南,循五指山、鹦哥岭间的深谷而行,于毛阳、番阳附近纳入毛阳河、通什河,至乐东县城先后纳入乐中河、大安河和南巴河,然后折向西北,横凿鹦哥岭余脉而过,形成峡谷,出峡谷汇入南尧(绕)河,过广坝纳入七差河、东方河至汊河纳入石碌河,转向西行于昌江县昌化港入北部湾(图7-7)。昌化江上游修有大广坝水库,减弱了河流地质作用。昌化江三角洲在昌化镇南侧入海处,水流平缓,河口地区更受波浪、潮汐影响。从三角洲的形态看,昌化江三角洲为一受河流、波浪和沿岸流、潮汐作用共同控制的三角洲。三角洲平原上部河流作用明显,下部受潮汐作用影响,海岸带附近受沿岸流作用形成平行于海岸线的沿岸沙坝,沙坝外侧波浪作用明显。昌化江三角洲人类活动干扰甚少,三角洲平原上仅有少量居民点,因此保存了三角洲平原的原始状态,是三角洲野外考察的理想地区。

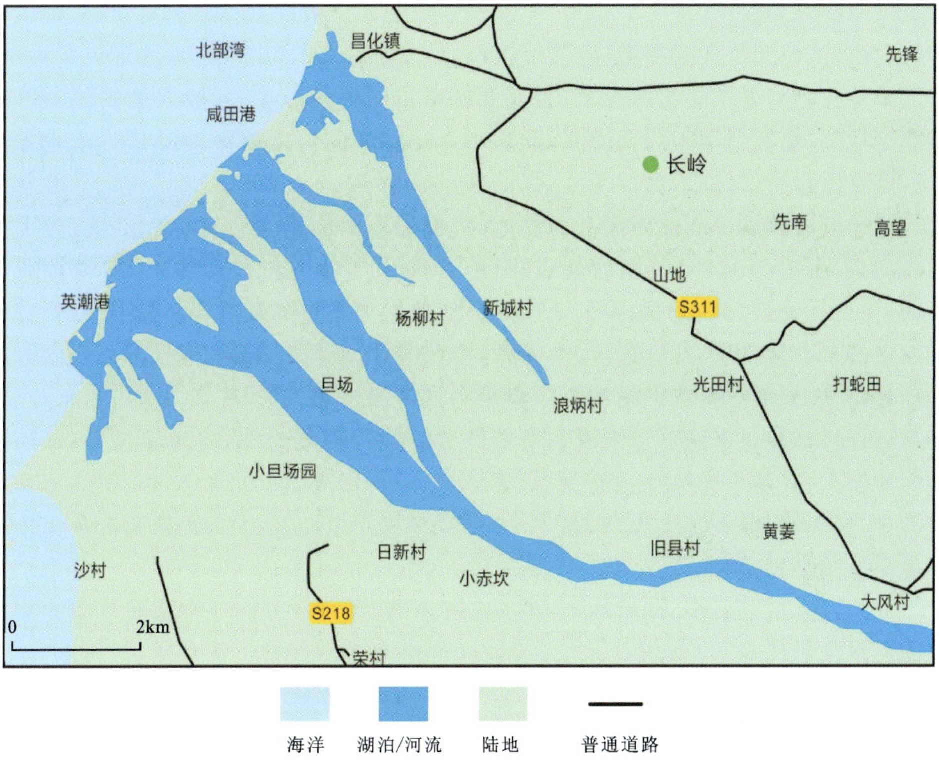

图 7-7　昌化江三角洲

第三节　海南岛的海滩

海南岛海岸、海滩十分发育,几乎全岛90％的海岸均为海滩。海滩系指海岸直接面对广海,外侧没有与广海分隔的障壁的海岸地貌。所谓障壁,是指海岸线附近海岸与广海分隔的地质体,包括障壁岛和障壁沙坝两种类型。障壁岛是由基岩组成的障壁；障壁沙坝是由沙质碎屑沉积组成的障壁。海南岛的海滩主要是平行于海岸线相对平直分布的海岸地貌，也有向大陆微弱弯曲的浅海湾地貌。这些由海岸的碎屑沉积物组成的沙滩统称为海滩。

海滩是受波浪为主控制的海岸，大致可分为高能海滩和低能海滩两类。

高能海滩主要形成于波浪作用强烈的地区。高能海滩除了受风成浪影响，台风是一个重要的控制因素。由于台风风速大，引起的风暴浪作用也强，可以搬运粗粒的沉积物到海岸上，形成细砾至粗沙沉积。高能海滩的共同特征：一是滩面较陡，一般在20°左右，如黎安潟湖的障壁沙坝、昌化江三角洲的外侧沙坝局部可达25°左右；二是沉积物颗粒较粗，主要为粗沙，包含较多细砾，颗粒粒径2mm及以上；三是自前滨向后滨，沉积颗粒逐渐变粗，前滨以粗沙为主，而后滨则以含砾沙、沙砾沉积为主。高能海滩在海南岛东岸比较发育，主要和太平洋的台风有关，如陵水黎安潟湖外侧障壁沙坝，向北直到陵水河入海口，东方小海潟湖外侧的障壁沙坝及日月湾一带海岸。西岸也有局部分布，如昌化江三角洲外侧的沙坝。

低能海滩形成于波浪作用微弱的地区，低能海滩的共同特征：一是滩面较平缓（一般为5°～10°）；二是沉积物颗粒较细，一般为细沙—粗粉沙级，碎屑颗粒粒经0.03～0.25mm；三是自前滨向后滨粒度逐渐变细。低能海滩主要发育于海南岛南、北两岸及东、西两岸的部分地区，东西向的海岸平行于台风运动方向，西岸背向台风运动方向，受太平洋台风影响较小。南岸的低能海滩如清水湾、海棠湾、亚龙湾、三亚湾、崖州湾等；北岸的低能海滩如澄迈湾、铺前湾、海南湾、临高海滩等；西岸的低能海滩如东方、棋子湾、排浦（海花岛）等；东岸部分岸段也为低能海滩，如琼海会文镇、万宁日月湾、陵水香水湾等（图7-8），可能与北东向的海岸线受强风影响较少有关。

低能海滩风平浪缓，沙质细柔，适合于开发海滨浴场，因此海南多数低能海湾开发为旅游度假区和商业楼盘，如海南岛南岸的清水湾、海棠湾、亚龙湾、三亚湾、崖州湾等。高能海滩风急浪高，海滩沙粗，不适合开发海滩浴场，但适合于冲浪运动，目前总体开发程度不高。

第四节 海南岛的海湾潮坪

潮坪系指海湾周围由潮汐作用控制、波浪作用较微的弱低缓平坦区域。海南岛的潮坪主要发育于深入内陆的海湾内部，潮坪上具有特色的热带亚热带红树林植物群落。

第七章 海南岛的海岸地貌

A. 陵水香水湾；B. 三亚海棠湾；C. 三亚大东海；D. 三亚崖州湾；E. 昌江棋子湾；
F. 临高海滩；G. 香水湾；H. 日月湾

图 7-8 海南岛若干低能海滩

一、红树林的基础知识

红树林是热带亚热带海湾、河口滩涂上特有的常绿灌木和小乔木群落,是陆海过渡带的一种特殊生态系统,海湾高潮时被淹没,低潮时出露海面的潮间带,少数红树林见于的潮控三角洲平原。

全球红树林主要分布在热带亚热带,受热带表面洋流作用影响,红树林会超出热带亚热带范围。如北美大西洋沿岸的红树林可达百慕大群岛;东亚红树林可达日本南部,都超过北纬32°的界线。南半球红树林分布范围比北半球更远离赤道,可见于南纬42°的新西兰北部。

中国的红树林属于东亚红树林分支,主要分布在热带亚热带的海南岛、广西、广东和福建沿海海湾的滩涂、河口的泥质沉积物中。红树林一般分布于潮间带,随着海岸地貌的发育和红树林本身的作用,红树林常不断向海岸外缘扩展。

红树林植物是喜盐植物,对盐土的适应能力比任何陆生植物都强。据测定,红树林带外缘的海水含盐量为 3.2%～3.4%,内缘的含盐量为 1.98%～2.2%,在河流出口处,海水的含盐量要低些。温度对红树林的分布和群落的结构及外貌起着决定性的作用。赤道地区的红树林高达 30m,组成的种类也最复杂,表现出某些陆生热带森林群落的外貌和结构,林内出现藤本和附生植物等。在热带的边缘地区,如中国海南岛的红树林一般高达 10～15m。随着纬度升高,温度降低,红树林可不足 1m,构成红树林的种类也有所减少。

红树林树种以红树科为主,包括 16 属 120 种,如红树属、木榄属、秋茄树属、角果木属。此外还有使君子科的锥果木和榄李属,紫金牛科的桐花树(蜡烛果),海桑科的海桑属,马鞭草科的白骨壤(海榄雌),楝科的木果楝属,茜草科的瓶花木,大戟科的海漆,棕榈科的尼帕棕榈属等。在红树林边缘还有一些草本和小灌木,如马鞭草科的臭茉莉(苦郎树),蕨类的金蕨,爵床科的老鼠簕,藜科的盐角草,禾本科的盐地鼠尾粟等。靠近红树林群落的边缘还有一些伴生的所谓半红树林的成分,它们都具有一定的耐盐力,如海芒果、黄槿、银叶树、露兜树、海棠果、无毛水黄皮、刺桐。

由于独特的近海生长环境,红树林植物具有一系列特殊的生态和生理特征。为了防止海浪冲击,红树林植物的主干一般不无限增长,而是从枝干上长出多数支持根,扎入泥滩里以保持植株的稳定。同时,红树林生长在缺乏植物生长必要空气的滩涂上,常从根部长出许多指状气生根或板状气生根(又称呼吸根)露出于海滩地面,在退潮时甚至潮水淹没时用以通气。胎萌是红树林另一适应现象,果实成熟后留在母树上,并迅速长出长达 20～30cm 的胚根,然后由母体脱落,坠落于水中,或随着海流漂流,或插入泥滩,扎根、发芽形成新个体(图 7-9)。不具胚根的种类也具有一种潜在的胎萌现象,如白骨壤和桐花树的胚,在果实成熟后发育成幼苗的雏形,一旦脱离母树,能迅速发芽生根。在生理方面,红树植物的细胞内渗透压很高,这有利于红树植物从海水中吸收水分。细胞内渗透压的大小与环境的变化有密切的关系,同一种红树植物,细胞内渗透压随生境不同而异。另一生理适应是泌盐现象,某些种类在叶肉内有泌盐细胞,能把叶内的含盐水液排出叶面,干燥后现出白色的盐晶体。泌盐现象常见于薄叶片的种类,如桐花树、白骨壤及老鼠簕等。不泌盐的种类则往往具有肉质的厚叶片作为对盐水的适应。同一种红树植物生长在海潮深处的叶片常较厚;生长于高潮线外陆地上的叶片常较薄。

A.潮间带的红树林;B.红树林的支柱根;C.红树林的枝状气根;D.胎萌的新芽

图7-9　红树林的生态特点

红树林里栖息许多海生或陆生生物,包括海生底栖生物双壳类、腹足类及几种寄居蟹,浮游植物浮游藻类(硅藻)、浮游动物鱼类及其他类等。红树林里还有小型陆生哺乳类(如松鼠)、各种鸟类(水鸟、海鸥)及部分陆栖鸟类,也招来了某些蜂类、蝇类和蚂蚁等,对红树植物的传粉和受精起着一定的作用。

红树林具有显著的生态效应。首先,红树林是候鸟的越冬场和迁徙中转站,更是各种海鸟觅食栖息、生产繁殖的场所。其次,红树林具有显著的海水净化作用,是天然的污水净化厂,有红树林存在的海域,几乎从未发生过赤潮。再次,红树林具有防风消浪、促淤保滩、固岸护堤的功能。茂密高大的枝体宛如一道道绿色长城,能有效抵御风浪(尤其是台风引起的风暴潮、风暴浪)的侵袭,保护海岸地貌。年代盘根错节的发达根系能有效地滞留陆地来沙,减少近岸海域的含沙量。红树林还是重要的香料、消炎止痛的药物资源。抗日战争时期,琼崖游击队建立的红树林根据地,为抵御日军侵略也发挥了重要作用。

二、海南红树林潮坪环境

海南岛是我国红树林发育的主要地区之一。海南岛的红树林海岸主要分布在海口与文昌之间的铺前港(东寨港)、文昌清澜港、澄迈马袅港、临高新盈港、儋州湾(新英港)等处。此外,在琼海、三亚、陵水等市县也有小片分布。海南岛的红树林以东寨港(铺前港)、清澜港(八门湾)、澄迈富力湾最具盛名,均已开发为特色旅游区,可惜东寨港、清澜港红树林退化严重,澄迈富力湾红树林保存较好。本节扼要介绍东寨港、清澜港潮坪红树林。

1. 东寨港(铺前港)潮坪红树林

东寨港是海口市东北部与文昌市西北部之间的内海(图7-10A)。明朝万历三十三年(1605年)琼州大地震,导致该区断陷下沉成海,海岸线曲折多弯,海湾开阔,形状似漏斗,滩面缓平,微呈阶梯状,有许多曲折迂回的潮水沟分布其间。涨潮时沟内充满水流,滩面被淹没;退潮时,滩面裸露,形成分隔破碎的潮间带沼泽。

东寨港港湾避风条件好,有水面 $56km^2$,其中7.8万亩在1980年被建成东寨港红树林自然保护区,包括海上红树林面积2.6万亩。东寨港红树林自然保护区位于海湾西南部,沿着一条蜿蜒的潮沟两侧的潮间带分布(图7-10B、C)。潮间带主要由暗色的淤泥组成,为涨潮时海水带来的黏土和细粉沙,可见双壳类、腹足类、节肢类等海洋生物碎屑。退潮时,潮间带海水退出暴露于大气中,高潮时潮间带被海水淹没。潮间带覆盖有大面积的红树林,红树品种包括红海榄、木榄、尖瓣海莲、角果木、秋茄、白榄、海骨根、海漆、桐花树、老鼠勒、水柳、王蕊、海芒果等。红树生长于潮间带淤泥中,并长期浸泡在海水中,根系不足以吸收自身生长所需的空气,需要支柱根和气生根补充,因此发育典型的支柱根和气生根。进入保护区,可乘坐游船或沿着旅游栈道考察密集的红树林,可见红树枝干上向下生长扎入淤泥的支持根和红树根部长出地表的指状气生根或板状气生根(呼吸根),细致观察还可见胎萌现象,红树上的成熟果实形成的 $20\sim30cm$ 的胚根,坠落于水中。这些胚根插入淤泥,扎根发芽形成新个体。与之类似并容易混淆的枝状气生根则没有叶片。

图 7-10 东寨港红树林地理位置(A)和潮沟景观(B、C)

2. 清澜港(八门湾)潮坪红树林

清澜港位于文昌市南部(图 7-11)。红树林位于南部清澜港内,清澜港海湾又称八门湾,红树林分布于清澜港的后港湾,故又称为八门湾红树林或后港湾红树林等。八门湾红树林以八门湾周围潮间带滩涂为中心,辐射文昌河、文教河等河流上游数千米,其范围包括文城、清澜、头苑、东阁、东郊、文教 6 个镇连接八门湾之区域,面积达 3 万亩。八门湾红树林现有 18 个科 30 多个种,是我国红树品种最多的地方。八门湾红树林与东寨港红树林是海南省两处著名的红树林景观,有"海上森林公园"之美称,是世界上海拔最低的森林。

清澜港海湾(八门湾)北侧有文昌河、横山河和文教河 3 条河流流入。其中文昌河、横山河规模较小,河流流量、流速均不大,因此河流地质作用微弱;文教河流域面积较大,在文教河河口形成一小型三角洲。从地质角度看,海湾整体主要受潮汐作用影响,属于滨海海湾环境。海湾北部、东部潮间带多被渔业开发,红树林以西侧保存最好(图 7-11)。潮间带受潮汐作用影响,涨潮时被海水淹没,退潮时暴露出地表,红树林生长在海湾周围潮间带的滩涂上。红树林支柱根和气根非常发育,有的红树四周都长着数十条扭曲的根,伸出一米方圆而交叉插入淤泥中,形似鸡笼,当地

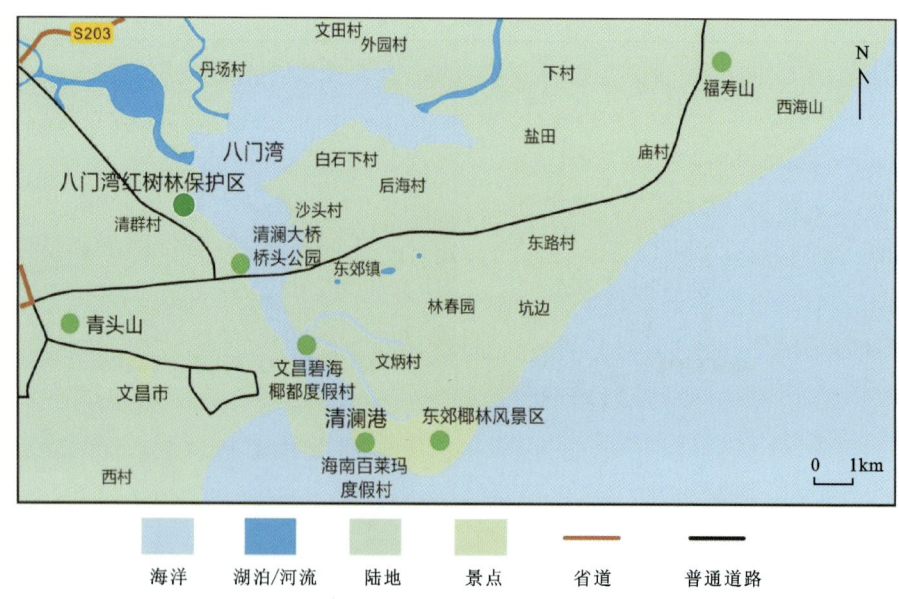

图 7-11　清澜港红树林地理位置图

人叫作"鸡笼罩"。海水涨潮时,密密匝匝的红树林飘逸潇洒地在绿色的海水中时露时现,令人心旷神怡。八门湾也是林中观鸟、垂钓的好去处。

为了开发清澜港的旅游资源,文昌市依托自身丰富的"海、河、港、湾、林"自然资源和"侨乡风情"为主体的人文旅游资源特色,建设旅游路线——八门湾绿道。八门湾绿道跨越文城、东阁、文教及东郊 4 镇,一期建设总长 54 km,其中主线 45 km,支线 9 km。绿道串连湾区特色景观资源,以红树林景观绿道、沿湾生态休闲绿道、农家人文休闲绿道、史迹文化体验绿道、乡村郊野景观绿道、渔村风情体验绿道、椰海风情绿道为七大主题的八门湾绿道引人入胜,流连忘返。八门湾绿道整体结构为"一线五区","一线"即环八门湾的自行车道主线,"五区"是文城红树林生态休闲区、东阁农家娱乐区、文教田野风光休闲区、东郊渔村风情区及椰海休闲区。尤其是万亩的琼林椰海是海南著名的旅游景观(图 7-12)。

三、儋州湾潮坪

儋州湾位于海南岛儋州市中北部,是洋浦大桥东边的一个内海,面积 41.14 km²。儋州湾南起新州镇南岸村,沿着儋州湾海岸线北至洋浦盐田村,是一个集浅海水域、河口水域、沙石海滩、红树林、海草床、淤泥质海滩、盐田等多样性的滨海湿地(图 7-13)。由于儋州湾避风条件好,也是一个天然良港。洋浦大桥、春马大桥从海湾西侧、东侧横穿而过,十分壮观,游人站在大桥上可以一览整个海湾的美景(图 7-14)。其中位于盐田村具有 1000 多个形态各异的砚式石盐槽的千年古盐田是著名的旅游点(图 7-15)。

第七章 海南岛的海岸地貌

图 7-12 文昌的琼林椰海

图 7-13 儋州湾地理位置图

A. 洋浦大桥；B. 儋州湾内海；C. 湾口外海的潮汐沙坝；D. 儋州湾的潮坪沉积

图 7-14　洋浦大桥和儋州湾

图 7-15　千年古盐田

儋州湾有长达 50 多千米的海岸线，湾内红树林茂盛，成片的红树林宛如海上绿洲，滩涂湿地星罗棋布，具有独特的海岸湿地和滩涂风光，它们是这片海最忠诚的

"海洋卫士",更是一道靓丽的风景线。2019年3月22日入选中国"最值得关注的十块滨海湿地"。

儋州湾有着良好的生态系统,这里孕育了富饶的物产,是一个生物多样性的生态宝地,生存着大量的鱼类以及螃蟹、海蛎、沙虫等底栖生物,堪称"海洋的幼儿园"。儋州湾也是重要的水鸟栖息地,在这里记录到的鸟类有168种,其中不乏国家一级、二级保护鸟类,如勺嘴鹬、白肩雕、黑脸琵鹭、黑嘴鸥等珍稀物种。

第五节 沙坝-潟湖海岸

沙坝-潟湖海岸系指由近岸障壁沙坝或障壁岛分隔,障壁沙坝(岛)外侧为一面向广海的高能海滩,后侧为一低能潟湖组成的海岸(图7-16)。潟湖与广海之间有一潮水进出的通道,称为潮汐通道。海南岛的潟湖虽数量不多,但类型较全,包括主

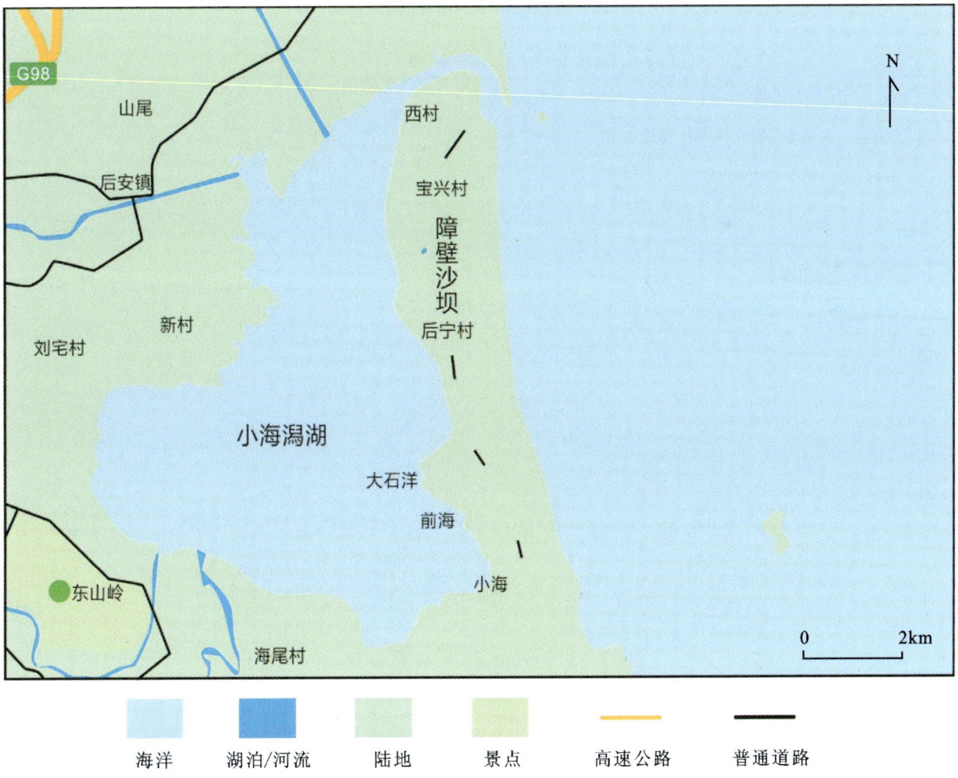

图7-16 小海潟湖地理图

要由障壁岛分隔的陵水新村潟湖，主要由沙坝分隔的陵水黎安潟湖、万宁小海潟湖等。小海潟湖最大，面积达 49.5km^2，新村、黎安规模较小，面积分别为 21.97km^2 和 9.2km^2。本节扼要介绍小海潟湖。

小海潟湖位于万宁市和乐镇，是中国最大的潟湖内海，陆地与港北、和乐、后安、万成等镇相连。境内太阳河、龙滚河等多条河流从不同地方汇入，因出海口位于港北，也称港北小海。

小海潟湖是一个结构齐全的潟湖体系，可以分为外侧沙坝、内侧潟湖和潮汐通道 3 个地貌单元。河流入湖口还有小型三角洲。该潟湖主要受潮汐通道进出的潮水控制，外侧是波浪和岸流控制的障壁沙坝，因此属于潟湖而不属于海湾或三角洲。

小海潟湖的沙坝为北北西-南南东向分布，全长约 12km，宽度约 1km，高程 15~24m。潟湖水深不大，多为 1~2m。潟湖四周为潮坪，但绝大部分潮坪为渔产开发，建设有大量养池，难以观察原始的潮坪沉积。潟湖北侧有龙尾河等 2 条河流流入，南侧有太阳河（支流）等 2 条河流流入，河口地区局部存在沼泽。潟湖和广海之间潮水进出的通道为潮汐通道，通道最窄处不足 50m。潟湖的潮汐通道口存在 2 个沙坝，为潮水进出形成的平行于潮流方向的潮汐沙坝（图 7-17）。

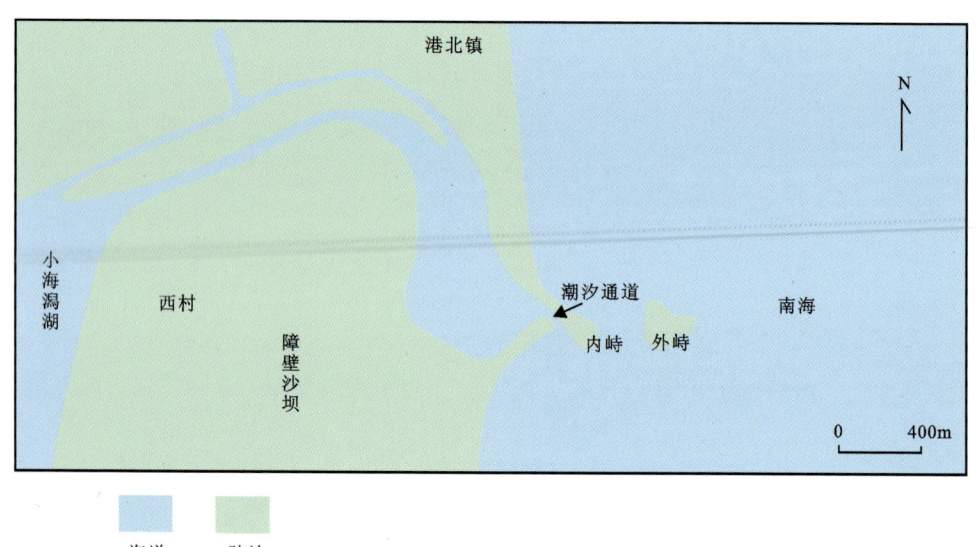

图 7-17　小海潟湖的潮汐通道

小海潟湖沙坝外侧风浪作用较强，是考察高能海滩的理想地区。小海潟湖沙坝北段发育典型的海滩脊和冲洗交错层理。海滩脊是海滩前滨或后滨地区由波浪冲洗作用形成的平行于海岸线的沙垄。海水冲流持续把沉积物沙推向海岸，逐渐堆积起一个高的沙垄,当特大浪到达时,冲流越过沙垄将沙质沉积物带到沙垄后侧,因此海滩脊向海一侧滩面较陡,倾角可达 15°～20°,向陆一侧滩面较缓,倾角可达 5°～10°。海滩脊沉积在垂直断面上形成的层理称冲洗交错层理。小海潟湖沙坝的冲洗交错层理由一系列平行于滩面的、倾角平缓(<15°)、平坦的沙质纹层组成。既有向海一侧的纹层,也有向陆一侧相反方向的低角度纹层(图 7-18)。

图 7-18 万宁小海潟湖沙坝的冲洗交错层理

第六节　珊瑚礁和海滩岩海岸

　　珊瑚礁是热带浅水造礁珊瑚虫群体骨骼和其他生物遗体长期堆积而成的,也属典型的热带生物海岸地貌。珊瑚一般生长在海水透明、无泥、有浪的浅水域,能在海岸上连片形成礁坪(平台)地形,为一巨大的由灰质生物群体原地堆积、生物相互连接构筑而形成特殊的珊瑚礁海岸类型。

　　海南岛的珊瑚礁十分发育,海岸带的岸礁和近岸浅水区域堡礁均有发育。20世纪80年代以前,三亚大东海、小东海、三亚湾等地均见发育完好的礁坪,沿礁坪下海可见绚丽多彩的造礁珊瑚,珊瑚礁厚度10m左右,生长带可达2000m宽。海岸主要分布于近海的岛屿上。海南岛浅水造礁珊瑚种类达110多种,环岛海岸环境极适宜造礁珊瑚生长,因而珊瑚礁特别发育,因此除了海岸带,离岸浅水区域也有大量珊瑚礁分布。如陵水清水湾海岸带、三亚天涯海角海岸保存较多造礁生物碎屑组成的海滩岩,推测水下发育有珊瑚礁。值得指出的是,现代海南岛的岸礁遭到严重破坏,海岸上几乎见不到活体珊瑚和生物礁,仅部分离岸岛屿可见小范围珊瑚礁,但只有专业考察才能探及。

　　海滩岩是现代海滩上由以生物碎屑为主结、半固结的岩石构成,常常发育于珊瑚礁海岸。海滩岩是由于阳光强烈照射,海水中钙质析出达到饱和,形成的方解石矿物把生物碎屑、陆源碎屑胶结成坚硬的粗沙屑灰岩和砾屑灰岩,厚度一般在2m左右。海滩岩岩层向海倾斜,被风浪打碎后形成岩石堆或巨大礁块。海南岛的海滩岩分布较广,典型的如三亚的小东海、陵水清水湾、乐东莺歌海等海岸。若海岸被冲蚀后退,海滩岩层能保存在离岸的浅水中,例如乐东县莺歌海岸外两三百米处的礁石。

第七节　基岩海岸侵蚀地貌

一、海岸侵蚀地貌的基础知识

　　海岸侵蚀地貌系指基岩海岸受海水动力侵蚀所产生的各种地貌形态,又称海蚀地貌。海蚀地貌壮丽多姿,不仅有嵯峨巨石,还有曲径幽洞、嶙峋怪石,常被辟为旅游胜地。塑造海岸侵蚀地貌的主要动力因素为海岸带的波浪和潮流,高纬度地带的海岸还受到冰冻的侵蚀。热带和亚热带的海岸还受到丰富的地表水和强烈的化学风化作用的侵蚀。

控制海岸侵蚀地貌发育过程的因素包括外因和内因。从内因来讲,组成海岸的岩性、结构、构造及构造活动性控制侵蚀地貌的类型;从外因来讲,沿岸海水动力(波浪、潮汐)的强弱控制侵蚀地貌的形态特征。构造隆升的海岸多形成基岩侵蚀海岸,构造沉降的海岸多形成沉积型海岸。多期次的构造隆升常形成海蚀阶地。坚硬的岩石海岸,抗蚀能力较强,如岩石结构疏松、成分不均一(如软硬相间),裂隙(断裂和节理)发育,常常形成海蚀崖、海蚀洞(槽)、海蚀拱、海蚀柱。松软岩石海岸,抗蚀能力较差,海蚀崖垮塌后退,形成海蚀平台,海蚀崖脚和海蚀平台上常堆积砾石滩。

海蚀崖系指由海浪冲击海岸,导致海岸岩石垮塌而形成的陡崖,海浪通常在海蚀崖形成拍岸浪。当组成海蚀崖的岩石不均一时,松软的岩石更容易受侵蚀,形成海蚀洞或海蚀槽。垮塌的岩石碎块常常堆积到海蚀崖底部形成砾石滩。海蚀崖逐渐垮塌、后退,就会形成一个基岩平台,即为海蚀平台。海蚀平台是由波浪作用侵蚀海岸形成的,故又称波切台。波切台上形成的基岩拱形凸起称海蚀拱,柱状凸起称海蚀柱(图 7-19)。

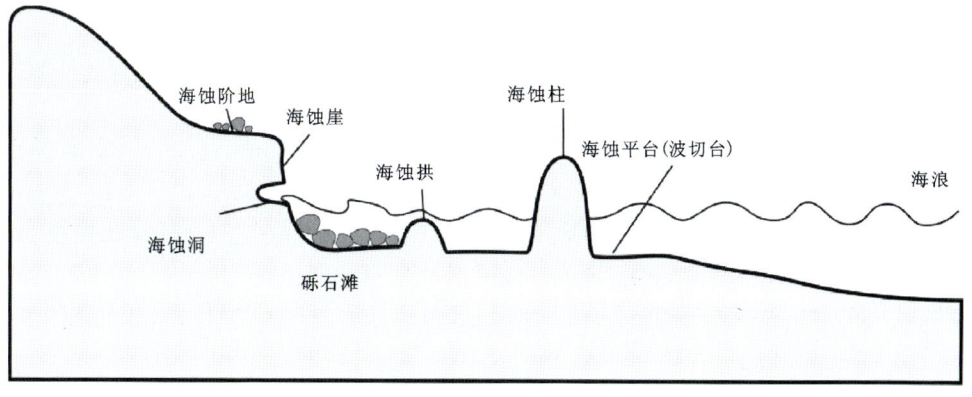

图 7-19　海蚀地貌分类示意图

受海岸构造隆起或海平面下降影响,早期形成的海蚀平台可能会抬升,即为海蚀阶地(图 7-19)。海蚀阶地是研究构造隆升的海平面变化的物质记录。

二、海南岛的海蚀地貌

海南岛基岩海岸分布较为局限,主要分布于南部、东南部、西南部花岗岩及变质岩凸出于海岸上的区域,以及北部玄武岩台地凸出于海岸的台地型基岩区域。台地型基岩海岸主要分布于临高、澄迈、海口、文昌及儋州等地海岸上,著名的如临高的临高角等。花岗岩为主的基岩海岸主要分布于三亚、乐东、陵水、万宁、琼海及文昌等地海岸上,著名的如三亚的大小洞天、天涯海角、鹿回头,陵水的赤岭、猴岛,万宁的分界洲岛、文昌的石头公园。现仅介绍几个具有科考价值的典型景点。

1. 三亚天涯海角

天涯海角游览区位于海南省三亚市西部环岛高速（G98）南侧，沿 G225 国道可达景区大门（图 7-20）。1994 年天涯海角景区获国家重点风景名胜区，2001 年成为国家 AAAA 级风景区。天涯海角景区总面积为 16.4km²，其中陆域面积 10.4km²，海域面积 6km²。因景区两块巨石分别由清朝雍正五年（1727 年）崖州知州程哲题刻"天涯"二字，抗战期间国民党琼崖守备司令王毅将军题刻"海角"二字，以及清宣统元年（1909 年）崖州知州范云梯题刻"南天一柱"，郭沫若先生题写的"天涯海角游览区"而得名。景区主要有"天涯"石、"海角"石、"南天一柱"等景点（图 7-21）。

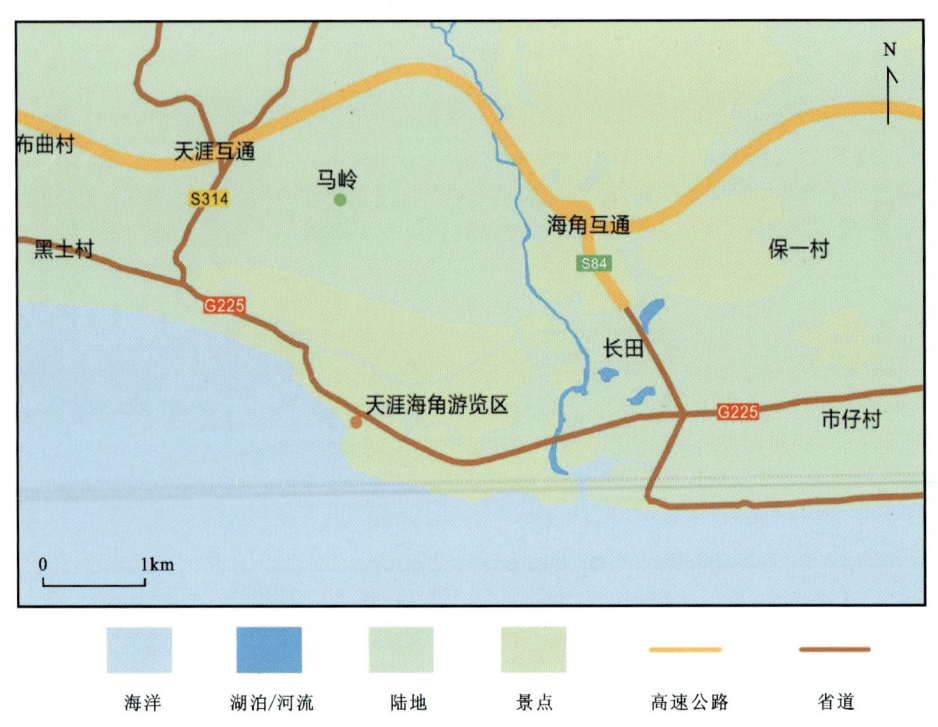

图 7-20　天涯海角地理位置图

天涯海角主体为花岗岩海蚀地貌，由海岸上的燕山期花岗岩侵蚀形成的海蚀拱、海蚀柱组成。除了海蚀地貌，还有海滩沉积地貌和大面积的海滩岩。天涯海角的花岗岩节理发育，是岩浆在冷凝过程中体积收缩形成的断裂裂隙（图 7-21）。这些裂隙受地表风化作用和海浪冲蚀的影响，形成裂缝，裂缝逐步扩大形成千姿百态的奇石，造就了天涯海角独特的海蚀柱、海蚀拱等海蚀地貌景观。

A. 天涯海角景区；B. 垂直节理；C. 水平节理；D. "南天一柱"；E. "天涯"石；F. "海角"石

图 7 - 21　天涯海角的海蚀柱

2. 陵水赤岭

陵水赤岭位于陵水清水湾和三亚海棠湾的分界处,赤岭由燕山期花岗岩组成。自赤岭中石化加油站附近下海,可见以海蚀平台(波切台)、砾石滩为特色的基岩侵蚀海岸(图 7-22)。赤岭侵蚀性海岸自中石化加油站向南,到赤岭角向东,延伸 2km 左右。

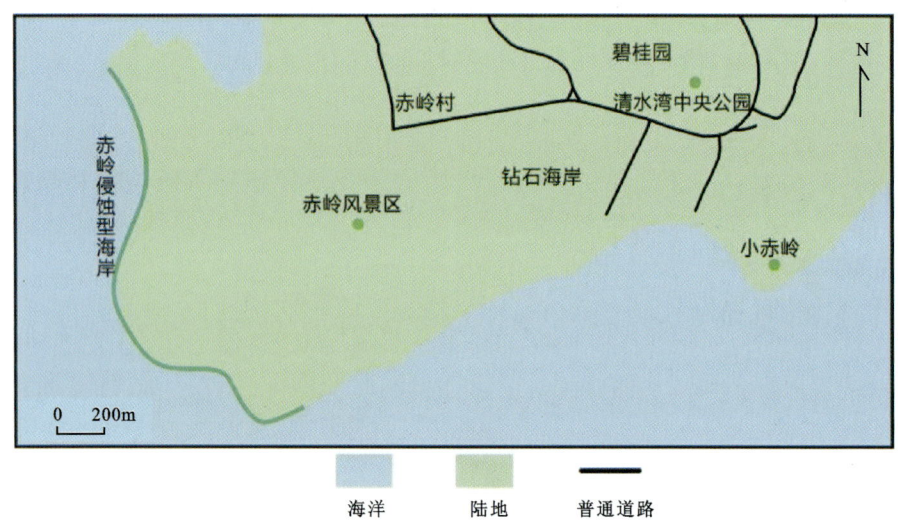

图 7-22 赤岭地理位置图

赤岭花岗岩节理发育,沿节理风化和海浪侵蚀作用强烈,形成宽度 100～800m 的波切台,波切台上部靠近海岸分布大小不一的花岗岩巨砾礁石,波切台下部主要为海蚀拱。海蚀拱和礁石上分布有固着的牡蛎以及散布的双壳类、腹足类、螃蟹等生物(图 7-23),赤岭邻近的赤岭渔村是疍家渔民的聚居地,至今仍保留着独具特色的疍家风情,古屋画栋雕梁、龙王庙里香火鼎盛,尤其是疍家美食吸引了大量游客,是低潮期"赶海"和享受疍家美食的理想旅游点。

3. 临高角

临高角位于海口市和洋浦开发区之间,距临高县城 10km,是海南岛西北角凸出的一岬角,岬角三面环海,有 7km 长的海岸线(图 7-24)。岬角顶端有 250m 长的天然防潮礁石堤直伸大海,古有"仙人指路"之说。岸上有古烽火台和清光绪十九年(1893 年)琼海关建造的一座高 22m、宽 1.88m 的铁灯塔灯光可照数十里(1 里 = 500m),指引船只夜间航行,是著名的国际航标。1950 年 4 月 17 日,中国人民解放军为解放海南,利用木帆船横渡琼州海峡,首先在这里登陆,最终解放海南岛。临高角的解放公园是具有深厚历史文化底蕴和重大革命历史纪念意义的红色遗址。

A、B. 赤岭海岸远景；C. 花岗岩中的节理；D. 礁石上的牡蛎；E. 礁石上的腹足类；E. 海胆

图 7-23 赤岭基岩侵蚀型海岸特征

  临高角的基岩侵蚀型海岸主要发育海蚀平台及砾石滩。砾石滩伸入海中形成天然的防潮礁石堤。海岸基岩为琼北火山岩台地的玄武岩，内有气孔和柱状节理等玄武岩典型的火山构造，局部发育海蚀柱（图 7-25）。临高角是集基岩海岸、玄武岩科考及人文历史和革命历史教育的旅游胜地。

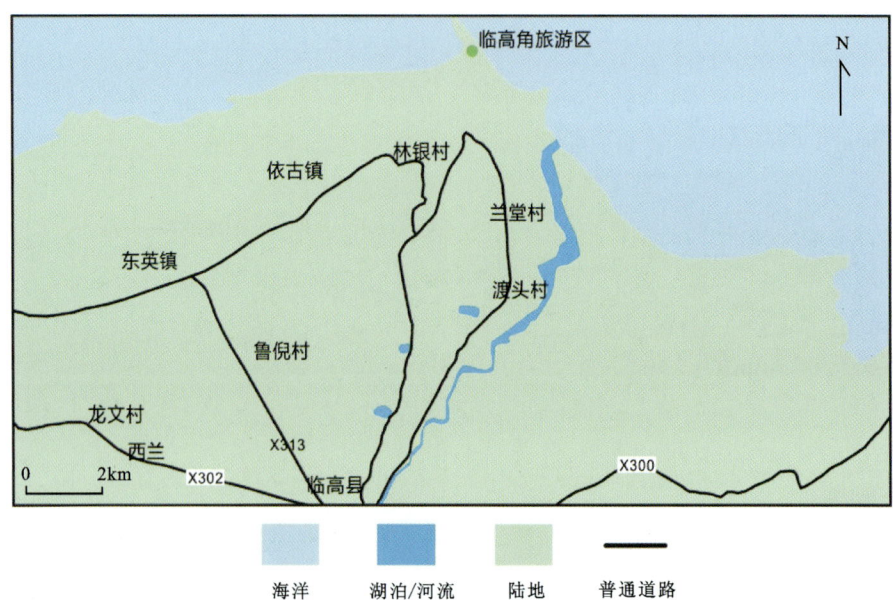

图 7-24 临高角地理位置图

A. 礁石堤；B. 海蚀柱；C. 解放公园纪念碑；D. 玄武岩的柱状节理

图 7-25 临高角基岩海岸

4. 文昌石头公园

文昌石头公园位于海南省文昌市龙楼镇，以铜鼓岭为中心，是海南的最东角，公园沿海长 2km，是数万年前地壳隆升暴露于地表的花岗岩，经漫长岁月潮汐的拍打雕刻和风化而成的海蚀地貌（图 7-26）。

图 7-27 文昌石头公园地理位置图

石头公园海岸基岩为海西期花岗岩。受第四纪以来的新构造运动影响，花岗岩抬升于海岸带，波浪的海蚀作用形成的海蚀平台、海蚀崖、海蚀柱、海蚀穴及风动石等。石头公园的风动石，高余 3m，重约 20t，上圆下尖，风吹能动，摇而不倒，千万年来，历经沧桑，多少个 12 级台风也不能把它吹倒。

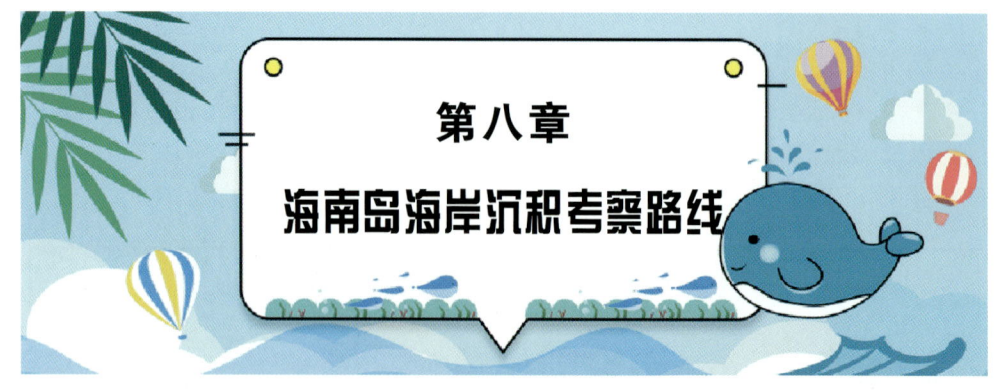

第八章 海南岛海岸沉积考察路线

海南岛海岸类型复杂,包含各种碎屑沉积型海岸,如碎屑型海滩、潮坪、潟湖-障壁沙坝等典型类型,局部发育碳酸盐型海滩岩、岸礁等类型。同时,海南岛河流入海的河口地区发育以河流作用为主的三角洲、波浪和沿岸流控制的三角洲以及以潮汐作用为主的三角洲,尤其发育河流、波浪+岸流、潮汐复合控制的三角洲。因此海南岛是地质类专业现代海岸带沉积考察的理想地区,可以直接观察教科书和课堂教学中不易理解的沉积构造,深入理解这些沉积构造的成因及其地质意义。

本章针对不同的典型海岸带和三角洲,选择一个典型的考察路线,供高等院校地质类专业现代海岸带沉积考察或实习应用。野外实际考察时间5天左右。

第一节 陵水清水湾低能海滩

海南岛的海滩十分发育,几乎在海岛四周均有海滩沉积可供参观。部分海滩经房地产开发,目前被酒店所围限,普通游客可就近游览。西岸、西南岸、西北岸大部分海滩开发程度不高,保留很多自然海滩,但通达性略差。本节重点介绍自然海岸保存较好、通达方便的陵水清水湾海滩。

清水湾位于陵水县南部英州镇附近,西段以赤岭与三亚海棠湾分界,东段接新村潟湖和南湾猴岛(图8-1)。从海南环岛高速英州互通下高速,清水湾大道大致平行海岸线1km左右横贯湾区,从清水湾大道步行可到达湾区海岸,通达性良好。清水湾海滩是全国著名的四大"会唱歌的海滩"之一,海浪较小,海滩平缓(冲洗带坡度5°~10°),滩沙细(以细沙—粗粉沙为主),沉积构造极其发育,赤脚走在沙滩上非常舒适,是海南海岸旅游胜地和沉积学科考基地之一。

清水湾海滩人为改造微弱,基本上是一个自然海滩。海滩分为风成沙丘带、后滨带、前滨带、临滨带(图8-2)。可直接观察各带的风、海水的水动力状态和沉积物特征。

第八章 海南岛海岸沉积考察路线

图 8-1　清水湾海滩地理位置图

图 8-2　清水湾无障壁海滩环境分带

一、海岸沙丘

海岸沙丘带位于后滨带之上,为风暴大潮未能淹没的地带。清水湾的海岸沙丘带多有植被覆盖,未发育大型沙丘(图8-3)。

图8-3 清水湾海滩的海岸沙丘带

二、后滨带

后滨带位于海岸沙丘向海一侧,没有植被覆盖,正常天气时未被海水淹没,没有波浪冲洗作用影响,风暴期可被风暴潮淹没。清水湾的后滨带坡度较缓,一般10°左右,沉积物颗粒总体较细,局部可见较粗的砾级生物碎屑,沉积物表面以粉沙、细沙为主,风成波痕发育。

风成波痕是风在非黏结性沉积物的表面活动所产生的波状起伏痕迹。风成波痕通常具有比较直的、长而平行的脊,形态不对称,有时波脊有分叉现象。风成波痕波长一般为2.5~25cm,波高0.5~1cm,波痕指数为10~50。在风的作用下沙粒主要是以跳跃和表面蠕动的形式进行运动,因此波脊上的细颗粒通过这两种运动方式被搬走,粗颗粒则难以运动而留下来。所以,最粗的颗粒往往聚集在迎风面和波脊上,而细颗粒则堆积在背风一侧的波谷中(图8-4)。

在海岸风的作用下,清水湾的后滨带可见小型的风成波痕(图8-5)。清水湾的风成波痕主要为波脊垂直于海岸的风成波痕,为大致平行于海岸的风形成。

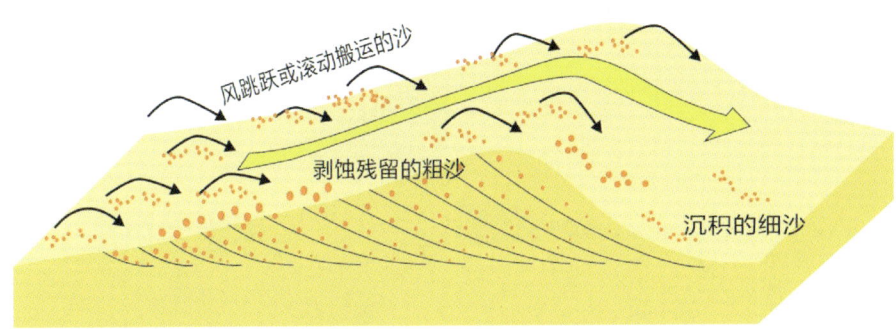

图 8-4　风成波痕的成因

A.波脊大致垂直于海岸；B.波脊沉积物颗粒粗，波谷沉积物颗粒细

图 8-5　清水湾后滨带小型风成波痕

三、前滨带

前滨带位于后滨带向海一侧，下界是碎浪带。随着涨潮、退潮影响，冲洗带也随之变化。清水湾的潮差约为 2m，但海浪一般规模较小（浪高不超过 2m），海滩平缓，前滨带宽度较大（可达 20m 以上），沉积物颗粒以粗粉沙—中细沙为主（图 8-6A）。清水湾前滨带上部发育良好的海滩脊（图 8-6B），是观察碎浪-冲洗作用的极佳地区，浅水沉积构造十分发育。可观察的沉积构造包括单向水流波痕、浪成波痕、流痕、菱形痕、细流痕、障碍痕、泡沫痕、水边线、垂直潜穴等，断面上可见冲洗交错层理和平行层理（图 8-7）。

水流波痕可以分为单向水流波痕和双向水流波痕。单向水流波痕是在单向水流（如河流）作用下形成的，双向水流波痕是在双向水流（如潮流）作用下形成的。在定向水流作用下，松散沉积物沿水流方向被水流搬运-沉积形成波状起伏的底形。一般情况下，在较低流速的水流作用下，沉积物颗粒沿向流面、向波峰（脊）滚动，达波脊时依自身重力向波谷方向滚动。受惯性大小影响，大颗粒惯性大，可以滚动到

图 8-6　前滨带(A)和海滩脊(B)

谷底,小颗粒可以保存在谷坡处。随着这种持续作用,沉积物向前迁移形成前积层。当水流速度加大,向流面除了颗粒向前向上滚动,在脊顶出现弱的剥蚀,沉积物颗粒除了沿坡向下滚动,还有的颗粒向前运动。当水流流速进一步加大,会在谷底形成小的环流,环流将沉积物颗粒沿背流面向上迁移,把细粒沉积搬运到谷坡上,粗的颗粒遗留在谷底。因此水流波痕具有形态不对称、波脊(顶)沉积物细、波谷沉积物粗的特征。

浪成波痕是波浪作用于非黏结性沉积物表面所产生的波状起伏的痕迹。浪成波痕可以根据波脊的对称性分为对称的和不对称的浪成波痕。浪成波痕的波脊一般较直,垂直于波浪传播方向延伸。浪成波痕的突出特征是波脊尖而对称,波谷圆滑,波脊多呈直线形,可出现分叉现象。

流痕是冲洗带平行于水流方向的回流形成的痕迹。流痕一般表现为垂直海岸线的浅槽和沙脊,槽深或沙脊高 1~3mm,宽度也为毫米级。冲洗回流形成的流痕多垂直于海岸线(海面线),也可见略斜交于海岸线的流痕,与斜向回流的方向有关。清水湾的流痕常见于海滩前滨带,由冲洗带回流形成(图 8-7A)。

菱形痕是在沙质沉积物表面由较强冲洗带冲浪回流形成的菱形痕迹,又称菱形波痕。菱形波痕与流痕常常共生(图 8-7A),一般保存于中粗粒的沙质(无泥)沉积物中。

细流痕是细小水流在沉积物表面上流动时留下的痕迹,常见于海滩前滨、潮间带、湖岸、河岸及洪泛平原等环境。细流痕一般形成于间歇覆盖水体的沉积物表面,如现代海滩前滨或潮间带,冲洗带的海水频繁覆盖沙质沉积物表面,当海水退却,其上部水体缓慢向下渗出流动,形成细小的沟渠。细流痕可以表现出各种各样的形状。包括齿状细流痕、梳状细流痕、穗状细流痕、圆锥状细流痕、树枝状细流痕、蛇曲状细流痕、网状细流痕、分叉状细流痕、扇状细流痕、菱形细流痕等。清水湾的细流

第八章 海南岛海岸沉积考察路线

A.流痕和菱形痕;B.细流痕;C.障碍痕;D.泡沫痕;E、F.冲洗交错层理

图 8-7 清水湾海滩的沉积构造

痕主要呈树枝状,发育于平缓的海滩上,由冲浪带的微弱回流形成(图 8-7B)。

障碍痕是指在水流或风的作用下,在沉积物表面上的障碍物周围发生侵蚀和沉积所形成的构造。当水流或风遇到沉积物表面上的障碍物(如砾石、介壳、植物)时,流线往往发生偏转,从而在障碍物周围或发生侵蚀,或引起沉积,或两者兼而有之。障碍痕的障碍物的上游侧多有一个冲蚀成因的新月形凹坑,下游侧一般发育几条向下变宽、变平的沉积小脊,或称沙尾。障碍痕的障碍物可以保存下来,也可以不保存。清水湾的障碍痕很常见,是由前滨波浪冲洗带的回流遇到砾石或化石贝壳阻碍形成的(图8-7C)。

泡沫痕是由沉积物中的气泡溢出沉积物表面形成的小坑。清水湾海滩前滨带(冲洗带),冲洗浪携带空气扑向海滩沉积物,空气被压缩到沉积物内部,当冲浪退却,压力减小,被压在沉积物中的空气溢出,形成小型圆坑,泡沫痕的直径一般1cm左右,深度1~2cm(图8-7D)。

清水湾前滨带上可直接观察海滩脊的形成和伴生的沉积构造。海滩脊的形成与波浪冲洗作用有关。在由海向陆持续的冲洗作用搬运沉积物的过程中,多数向陆一侧的冲流只能达到一定的距离,因此逐渐形成一个稍高的平行于岸线的沉积沙体,沙体后侧(向陆一侧)形成平行于岸线的低洼槽,该沙体即为海滩脊。垂直于海滩脊的断面上表现为冲洗交错层理(图8-7E、F)。在逐渐涨潮的过程中,冲流可以越过海滩脊,海水越过海滩脊到达洼槽中。洼槽中的海水自高处向低处流动,可形成水流波痕,当水流受风影响形成波浪时,可以形成水流和波浪的干涉波痕,早期浪成波痕被后期水流改造,可形成改造波痕(图8-8)。

A. 海滩脊;B. 浪成改造波痕;C、D. 水流改造波痕
图8-8　清水湾海滩脊沉积构造

第二节 陵水新村、黎安潟湖

新村潟湖位于陵水县新村镇,是由猴岛、虎岭、尖岭、尖峰岭组成的障壁岛围限的潟湖(图8-9)。新村潟湖的潮汐通道位于新村镇和猴岛之间,宽度约100m;潟湖通道内侧为新村渔港,潟湖与内陆连接处(新村一带)为环潟湖潮坪堆积的潟湖平原,潟湖平原西部(文墩)和北部(排田)附近有2条小河流入,因河流短小,流量小,对潟湖海水盐度影响甚微;潟湖与猴岛、虎岭、尖岭、尖峰岭之间为宽阔的潮坪,潟湖东侧为分隔黎安潟湖的隔湖沙坝(图8-10)。

图8-9 新村潟湖和黎安潟湖交通图

黎安潟湖位于陵水县黎安镇,由黎安-港门岭连岛沙坝围限(图8-9)。黎安潟湖的潮汐通道位于港门岭附近,宽度100m左右。黎安潟湖的连岛沙坝面东向着宽阔的南海,是海南岛海浪最大的区域之一;潟湖周边均为潮坪沉积(图8-11)。因此黎安潟湖是潮坪海岸和障壁沙坝(粗碎屑海滩)的理想考察点。

新村潟湖和黎安潟湖交通均十分方便,由海南环岛高速在黎安互通沿文黎大道可到达两镇。从新村镇码头乘船过潟湖对岸可见发育良好的环潟湖潮坪。沿黎安潟湖

A. 新村潟湖潮汐通道；B. 新村潟湖潮汐通道内新村港；
C. 新村潟湖远景（示外侧障壁岛，内侧潟湖及环潟湖潮坪）；D. 新村潟湖西北侧潮坪

图 8-10　新村潟湖远景

外侧沙坝可直达港门岭，可直接观察潟湖通道、潟湖外侧高能沙坝、潟湖内侧环潟湖潮坪，从文黎大道直行到分隔两个潟湖的沙坝也可考察两个潟湖和环潟湖潮坪。

新村潟湖和黎安潟湖大致可分为潟湖、环潟湖潮坪、障壁沙坝（障壁岛）、潟湖潮汐通道等环境单元（图8-12）。

一、潟湖和湖岸潟湖潮坪

潟湖系指最低潮面之下、常年被海水淹没的区域，包括浪基面之上的潮下带和浪基面之下的潟湖，区域由于新村潟湖和黎安潟湖风平浪静，浪高一般小于 0.5m，潮下带范围很小（1m左右），本书将两个带统称为潟湖。当低潮且海风微弱时，可下海感受潟湖的水动力和沉积特征。潟湖沉积物较细，以粉沙和黏土质沉积为主，可见生物或生物碎屑。黎安的潟湖可见双壳类、腹足类、海胆、海星、球状复体珊瑚、枝状复体珊瑚、螃蟹及藻类等生物（图8-13）。

A. 黎安潟湖潮汐通道;B. 黎安潟湖远景;C. 障壁沙坝;D. 港门岭

图 8-11 黎安潟湖远景

环潟湖潮坪系指潟湖最低潮面和最高潮面之间的区域,包括潮间带(平均高低潮面之间)和潮上带(平均高潮面和最大高潮面之间)。该区域高潮时被海水淹没,低潮时暴露于水面之上。

新村潟湖和黎安潟湖的潮上带范围较小,一般宽 1～3m,主要发育由波浪冲洗作用形成的沙滩,局部发育生物介壳滩。黎安潟湖南侧形成局部沼泽。

新村潟湖和黎安潟湖的潮间带发育较宽,平均 500m 左右,新村潟湖的潮间带局部可达 1km 以上。潮坪上以黑色富有机质的细沙为主,含少量黏土质。由于潮坪上泥质沉积物较少,潮坪以沙坪为主,仅局部发育泥坪和沼泽化,内具泥裂等暴露构造(图 8-14A、B)。由于潮间带平坦,涨退潮期间浅水波浪作用强,可形成大量小型浪成波痕(图 8-14C)。潮坪上还发育潮沟,潮沟受涨潮、退潮影响可形成双向水流,同时受波浪作用改造,形成水流波痕和受水流-波浪改造的波痕(图 8-14D)。

潮间带生物特别发育,主要是双壳类、腹足类和螃蟹,还有较多的海星、海胆及藻类(图 8-13)。潮坪上生物遗迹极其发育,包括海星形成的潜穴、腹足类行动形成

A. 新村潟湖潮上带—潮间带；B. 新村潟湖的潮间带—潟湖；C. 新村潟湖潮坪上的潮沟；
D. 黎安潟湖的潮汐通道；E. 黎安潟湖障壁沙坝；F. 港门岭和连岛沙坝

图 8-12　潟湖环境分带

的爬迹、螃蟹形成的潜穴、软体类下潜形成的潜穴、排泄堆和粪球等。由于生物遗迹发育，生物扰动强烈，潮坪上潮汐作用形成的沉积构造不发育，显示为块状层理。

A. 潮间带海胆；B. 潮间带生物组合；C. 潮下带生物组合；D. 潮间带海星及其游移迹

图 8-13　黎安潟湖潮坪及潟湖生物组合

生物遗迹是指生物生活期间因运动、居住、觅食、摄食等行为而在沉积物表面或内部遗留下来的，并具有一定形态的痕迹。生物遗迹可分为 5 种类型：游移迹、牧食迹、停息迹、居住迹、摄食迹（图 8-15）。

游移迹主要指足迹，是指脊椎动物两足或四足行走时在沉积物表面上遗留的痕迹。牧食迹是指无脊椎动物（如蠕虫动物、节肢动物、腹足类等）在沉积物表面上爬行和觅食时，以其身体的腹侧、节肢或疣足等与沉积物表面相接触而形成的连续的细小沟槽状痕迹。停息迹是动物仰息、躺卧或伺机捕捉其他生物时，在沉积物表面留下的痕迹。停息迹大多呈孤立的、具有一定形状的凹坑，其大小、深浅和形状取决于造迹动物的着地部分。甲壳类、棘皮动物、软体动物等常形成停息迹。例如，海星的停息迹显出特征性的五角星形凹坑。居住迹和摄食迹又称潜穴（burrows），是造迹生物在沉积物层内居住或觅食形成的痕迹，但这两种功能行为产生的遗迹很难区别，所以常常统称为潜穴。潜穴不仅可以由食沉积物的蠕虫动物产生，也可以由有壳的生物，如软体动物、节肢动物、甲壳动物等造成。潜穴生物常常将潜穴洞中的沉积物、掘穴过程中挖出的沉积物或（和）生物的排泄物推出洞口，在洞口堆积成小圆

A、B.泥裂;C.分叉的浪成改造波痕;D.水流-波浪改造波痕

图 8-14 潮间带的浪成波痕和泥裂

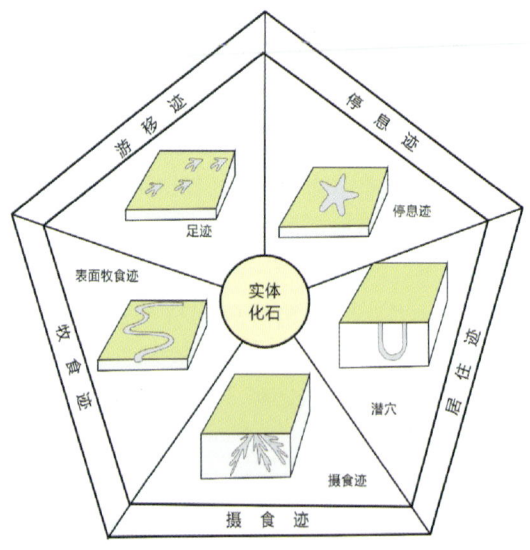

图 8-15 生物遗迹化石的类型

A. 潮间带海胆;B. 潮间带生物组合;C. 潮下带生物组合;D. 潮间带海星及其游移迹

图 8-13　黎安潟湖潮坪及潟湖生物组合

生物遗迹是指生物生活期间因运动、居住、觅食、摄食等行为而在沉积物表面或内部遗留下来的,并具有一定形态的痕迹。生物遗迹可分为5种类型:游移迹、牧食迹、停息迹、居住迹、摄食迹(图 8-15)。

游移迹主要指足迹,是指脊椎动物两足或四足行走时在沉积物表面上遗留的痕迹。牧食迹是指无脊椎动物(如蠕虫动物、节肢动物、腹足类等)在沉积物表面上爬行和觅食时,以其身体的腹侧、节肢或疣足等与沉积物表面相接触而形成的连续的细小沟槽状痕迹。停息迹是动物仰息、躺卧或伺机捕捉其他生物时,在沉积物表面留下的痕迹。停息迹大多呈孤立的、具有一定形状的凹坑,其大小、深浅和形状取决于造迹动物的着地部分。甲壳类、棘皮动物、软体动物等常形成停息迹。例如,海星的停息迹显出特征性的五角星形凹坑。居住迹和摄食迹又称潜穴(burrows),是造迹生物在沉积物层内居住或觅食形成的痕迹,但这两种功能行为产生的遗迹很难区别,所以常常统称为潜穴。潜穴不仅可以由食沉积物的蠕虫动物产生,也可以由有壳的生物,如软体动物、节肢动物、甲壳动物等造成。潜穴生物常常将潜穴洞中的沉积物、掘穴过程中挖出的沉积物或(和)生物的排泄物推出洞口,在洞口堆积成小圆

A、B. 泥裂；C. 分叉的浪成改造波痕；D. 水流-波浪改造波痕

图 8-14　潮间带的浪成波痕和泥裂

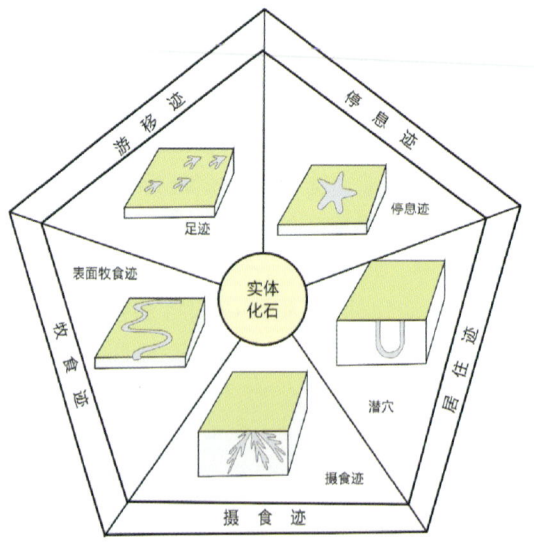

图 8-15　生物遗迹化石的类型

丘，圆丘丘顶有一圆孔向下与潜穴相通。组成圆丘的物质可以是松散的泥沙，也可以是表面光滑的圆球状球粒，还可以是表面粗糙的沙球。钻孔是生物为居住、防护或觅食在坚硬物体表面钻成的孔洞。

陵水和黎安潟湖的潮坪的生物遗迹以停息迹、居住迹、牧食迹为多，局部可见鸟类行走形成的游移迹和生物介壳上形成的钻孔。

停息迹以海星形成的停息迹最为典型，在黎安潟湖潮坪上，可见成片的海星停息形成的五角星痕迹，其中具有海浪冲蚀痕迹的停息迹内没有海星，新鲜的未被冲蚀的停息迹内还有停息的海星（图 8-16）。

图 8-16　黎安潟湖海星的停息迹

潮坪上的牧食迹主要由软体动物类（如腹足类）在沉积物表面移动牧食形成，表现为弯曲的线状或放射状沟痕（图 8-17）

新村、黎安潟湖潮坪上的居住迹和摄食迹（潜穴）极其发育，沉积物表面可见小的具中心孔的沙堆或圆孔洞，空洞周围散步大量球粒或放射状痕迹（图 8-18）。球粒大小 2~3mm，为生物潜穴期间排出的粪球粒。放射状痕迹可能为潜穴生物的觅食痕迹。

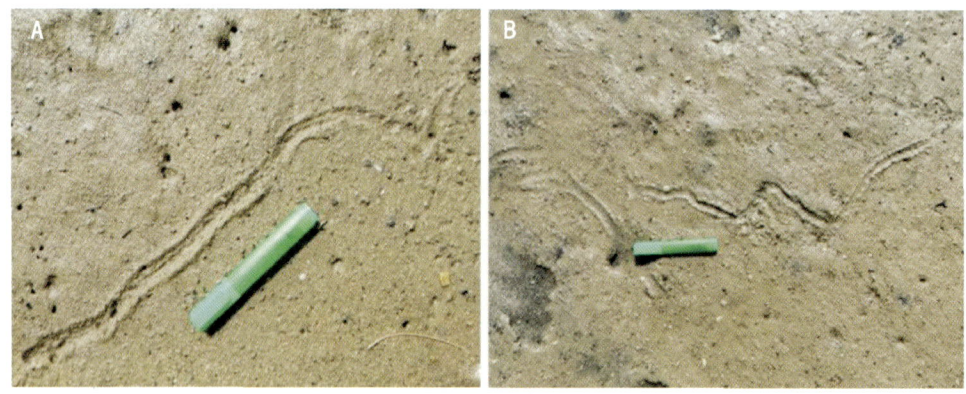

图 8-17 黎安潟湖潮坪上的牧食迹

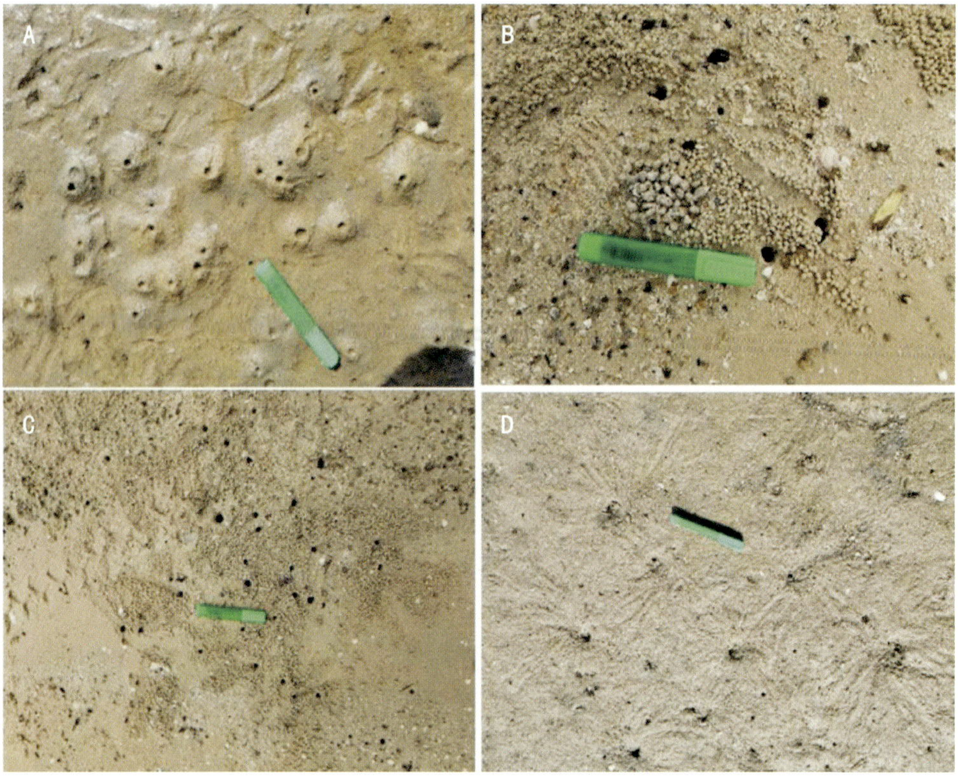

图 8-18 新村、黎安潟湖的潜穴和粪球粒

二、潮汐通道

潮汐通道是连接潟湖的外海的通道。新村潟湖的潮汐通道位于新村镇和猴岛之间,潟湖通道两侧为窄的沙滩。黎安潟湖的潮汐通道位于港门岭外侧,通道对岸为沙滩沉积,较为典型且易于观察。黎安潟湖的潮汐通道位于港门岭内侧,港门岭一侧为基岩海岸。潟湖通道东侧为港门岭岛,通道西侧为平缓的沙坝。黎安潟湖潮汐通道的港门岭对岸一侧,低潮期沙坝上保存着退潮形成的大型流水波痕或冲洗作用形成的席状沙,水流波痕常被冲洗作用改造;潟湖一侧可见涨潮潮汐沙坝(涨潮三角洲)(图8-19)。

A.退潮形成的水流波痕;B.涨潮潮汐沙坝;C.冲洗作用改造水流波痕;D.冲洗作用形成的海滩

图8-19 黎安潟湖潮汐通道沉积特征

三、障壁沙坝

黎安潟湖的障壁沙坝是一个面向广海的高能海滩。此处波浪浪高3m左右,海滩坡度15°~25°)。沉积物颗粒粗,主要为细砾和粗沙。碎屑颗粒主要为石英,成分成熟度高,内含少量破碎的生物介壳。碎屑颗粒无基质,分选、磨圆好,结构成熟度高(图8-20)。

A.后滨带;B.前滨带;C.后滨带的细砾—粗沙;D.前滨带和粗沙—细砾

图8-20 黎安潟湖障壁沙坝沉积特征

黎安潟湖的障壁沙坝(高能海滩)也可以分为海岸沙丘带、后滨带、前滨带(含海滩脊)、临滨带等亚环境。

黎安潟湖障壁沙坝的海岸沙丘带被植被覆盖,除边部外多为黎安镇民舍占据。近邻后滨带的局部地区见风成沉积物,发育风成波痕。

黎安潟湖障壁沙坝的后滨带以细砾及粗沙沉积为主,其粒度比前滨带更粗,是很显然的夏季风暴(台风)搬运来的粗碎屑沉积。后滨带风成作用不甚明显,仅局部可见风成波痕。

黎安潟湖障壁沙坝的前滨带冲流作用和回流作用均很强,沉积物以粗沙和细砾为主。由于冲流作用强,前滨带坡度较大,宽度约100m。前滨带发育平行于岸线的海滩脊,海滩脊后侧为一槽谷,海滩脊高于槽谷50~100cm。由于沉积物粗,孔隙度高,越过海滩脊的海水向下泄露,故槽谷内未存水。

根据前滨带的沉积特征,推测黎安潟湖障壁沙坝的临滨带以中粗沙—细砾沉积为主。

第三节　澄迈湾(富力湾)潮坪

澄迈湾位于海南岛北岸,澄迈县北侧沿海,岸线长 50 余千米。澄迈湾红树林由澄迈县人民政府于 1995 年 12 月批准建立"海南花场湾红树林地方级自然保护区",其保护范围面积共约 1.5km² (图 8-21)。

图 8-21　海南澄迈湾(富力红树湾)潮坪

澄迈湾滩广、水浅、波浪小、水质好,基本无污染,适于红树林着床、繁殖、生长,因此以红树林为核心形成了典型的潮间带海洋生态系统,有多种红树、半红树和红树伴生植物和丰富的海水水生生物,是水生种苗和多种鸟类的天然栖息地,也是抵御风暴潮最有效的天然屏障。相对于海口东寨港、文昌清澜港,澄迈湾红树林保存较好,目前部分区域被房地产开发,虽然建造的参观线路便于考察,但对红树林的原始生态有一定破坏。

澄迈湾海岸为一向东延伸的海岸沙坝,进潮口位于国社岭西侧,进潮口外侧有一近东西向的潮汐沙坝。进潮口向陆为潮道及潮道围限的潮坪(图 8-22)。其亚环境可以分为外部海滩、潮汐沙坝体系的海岸沙坝、潮汐沙坝,及内部潮坪体系的潮上带、潮间带、潮下带和潮道等。

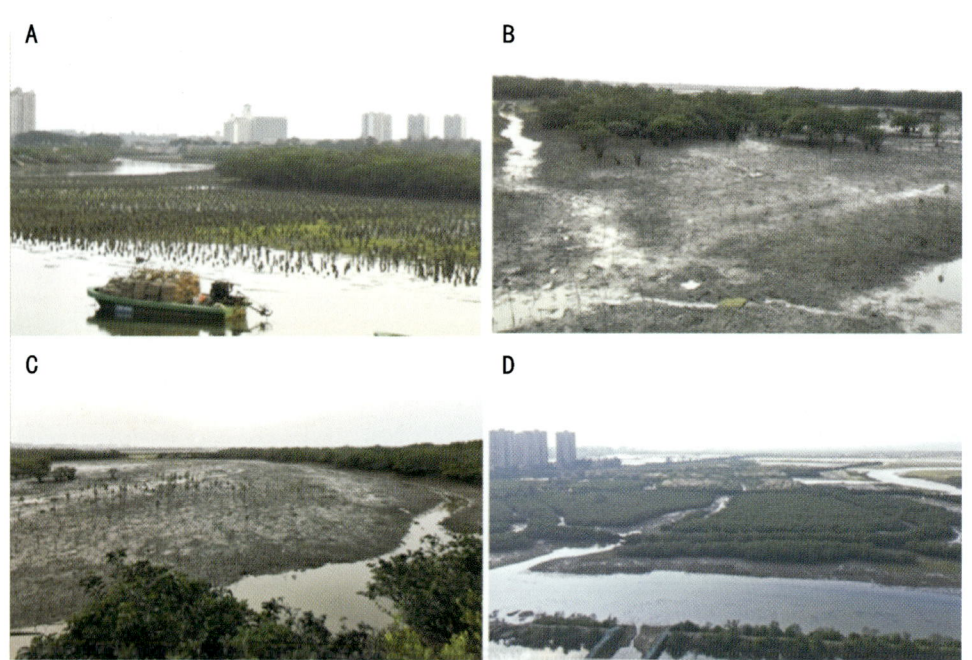

图 8-22 澄迈湾潮坪远景

外部体系的海岸沙坝和进潮口潮汐沙坝现有植被覆盖,海岸上主要为较弱的波浪作用,形成低能海滩,发育波浪冲洗作用,保存有冲洗交错层理、流痕和细流痕、障碍痕及垂直层面的生物潜穴等。

澄迈湾内部潮坪体系的潮上带为红树林、类红树林植被覆盖,可见泥质沉积和暴露沉积构造,部分区域为房地产开发。

澄迈湾潮坪的潮间带包括 2 种类型:一是原生的红树林,二是人工种植的红树潮池。前者可见密集的红树林,发育密集的支柱根和气根(图 8-23B、C)。退潮时红树林暴露于海面之下,涨潮时为海水淹没。红树林植根的沉积物以暗色粉沙和黏土质为主,内有海生底栖生物,生物扰动较强(图 8-23E)。红树潮池为潮间带未被红树林覆盖的区域,退潮时暴露于水面之上,涨潮时为海水淹没(图 8-23D)。其沉积物为暗色细粒的泥沙质沉积。内海生底栖生物发育,可见生物潜穴、小型浪成波痕等。

潮坪的潮下带主要为潮道,为潮水进出潮坪的水道。退潮时,潮道边部可见沉积物及其伴生的沉积构造。其沉积物仍以暗色、细粒的泥沙质沉积为主,海生底栖生物发育,形成大量的潜穴,泥裂的暴露构造也很常见。沿岸可见浅色的沙体和水流波痕、小型浪成波痕及干涉波痕等。

A. 潮沟;B. 红树林的支柱根;C、D. 潮间带红树林;E. 生物潜穴;F. 火烈鸟

图 8-23　澄迈湾红树林潮坪沉积特征

第四节　海南昌化江三角洲

昌化江三角洲位于海南岛西岸,为源自五指山的昌化江进入北部湾形成的三角洲(图 8-24)。由于昌化江上游修筑水库蓄水,昌化江三角洲的河流对三角洲的控制作用逐渐减弱,沿岸波浪及潮汐控制作用加强。因此,昌化江三角洲属于介于浪控三角洲、潮控三角洲和河控三角洲之间的过渡类型,为受河流-波浪-潮汐复合控制的三角洲。

昌化江三角洲基本保留了自然地质地貌,人工改造微弱,从东方可经旦场河口沙坝直达沿岸沙坝;从昌化江经浪炳村也可达沿岸沙坝,或由昌化江到昌化镇沿海岸到达海岸考察三角洲北侧无障壁海滩。昌化江三角洲现有 2 个分流河道和 2 个残留分流河道,分流河道由昌化江供应淡水,残留分流河道为原河道上游淤积堵塞的河道,现主要受潮汐作用控制。3 号、4 号河道近海有 2 个河口沙坝。沿海岸发育若干平行于岸线的线状沙坝。因此,昌化江三角洲可分为分流河道、河口沙坝、沿岸沙坝、潮控三角洲平原、河控三角洲平原等不同亚环境。

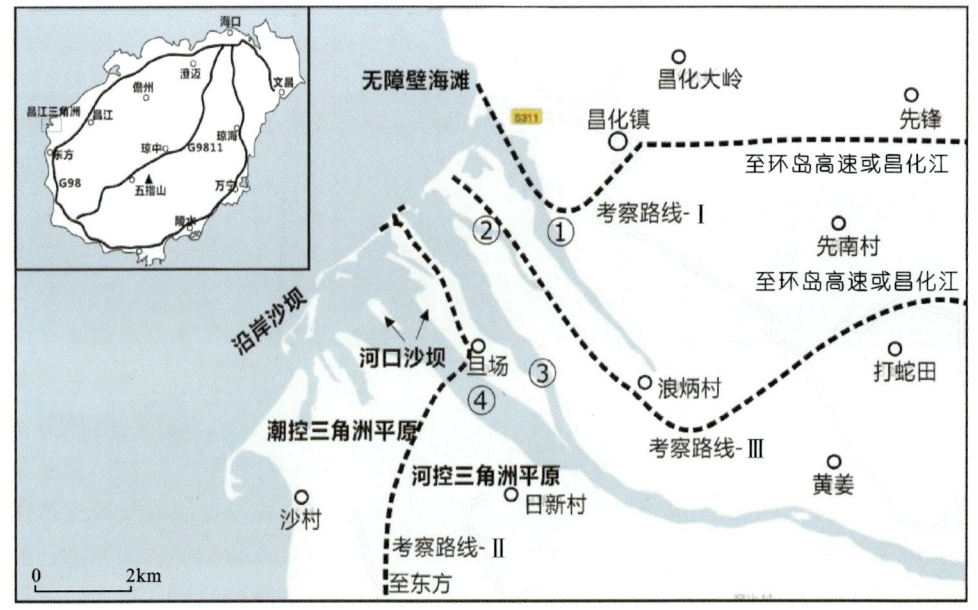

①②为残留分流河道；③④为分流河道

图 8-24　昌化江三角洲考察路线图

一、分流河道、河口沙坝

昌化江三角洲的分流河道从上游河水流入，近海口处海水侵入，从东方沿南考察线沿途经多处分流河道(图 8-25)，河水较为平静，河道较为顺直。沿河岸见窄的河道边滩，沉积物主要为中细粒沙，局部见水流波痕。

河口沙坝分布于河道之间(图 8-26)，为河道心滩，心滩平面呈长透镜状，长轴方向平行于河道。沉积物主要为中细沙，河道岸线附近可见平行层理。心滩上局部为植被覆盖。

二、沿岸沙坝

由于昌化江沿岸波浪作用较强，沿海岸分布一系列平行于海岸线的线状沙坝。北侧昌江镇西北海岸和南侧沙村一带均为无障壁海滩三角洲，河口外侧为浪控三角洲的沿岸沙坝(图 8-27)。沿岸沙坝高约 10m，沙坝顶部主要为细砾或粗粒沙，内发育风成波痕，局部陡坎处可见典型的冲洗交错层理。沙坝外侧岸线附近为较陡的(倾角 20°左右)沙砾质海滩，前滨带形成平行于岸线的海滩脊，发育冲洗交错层理。后滨具大型风成波痕和风成交错层理。

第八章 海南岛海岸沉积考察路线

图 8-25　分流河道（A、B）及河道边滩（C、D）

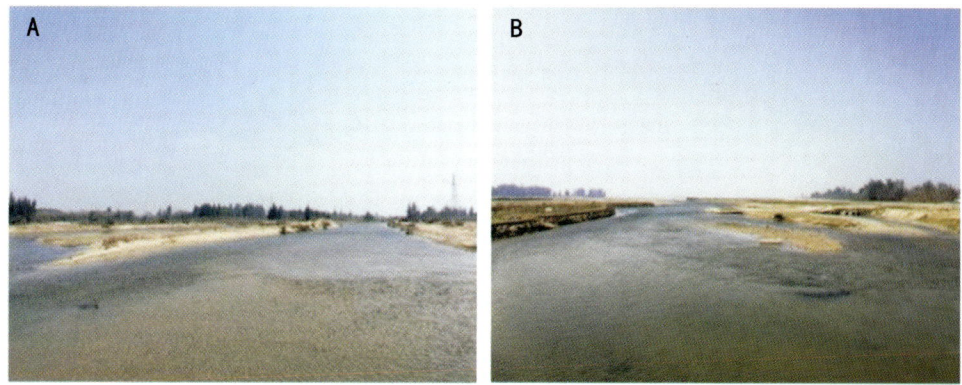

图 8-26　河口沙坝

A、B. 沿岸沙坝远景；C. 风成波痕；D. 冲洗交错层理

图 8-27 沿岸沙坝

三、潮控三角洲平原

潮控三角洲平原位于沿岸沙坝内侧，由一系列低洼的湿地（水池或沼泽）组成（图 8-28）。由于潮汐作用较强，潮控三角洲平原分布一系列具有浅潮沟的潮坪，潮坪沉积为暗色中细沙至粉沙，潮沟沉积为浅色中细沙。潮坪上生物潜穴发育，反映生物扰动强烈。积水洼地中见大片的泥裂构造，泥裂缝宽度可达 10cm 左右，深度可达 20～30cm，泥裂面上也可见生物潜穴。

四、河控三角洲平原

河控三角洲平原位于三角洲平原内侧，由于潮水不能到达，此处以河流作用为主，发育于分流河道两侧。因上游修水库的原因，现代分流河道未见天然堤和决口扇，河道两侧的湿地上以早期的河流漫溢沉积为主，其上发育草甸和盐碱化。三角洲平原高处常见耐旱植物（大片的仙人掌）和林地（图 8-29）。

A.沼泽化潮坪和潮沟；B.潮坪；C、D.湿地中的泥裂构造；E、F.潮坪上的生物潜穴
图 8-28　潮控三角洲平原

A.草甸；B.草甸上的盐碱化；C.沙地上的仙人掌；D.沙地上的林地
图 8-29　河控三角洲平原

第五节 碳酸盐海岸沉积

海南岛现代碳酸盐岩比较发育,尤其是20世纪90年代以前,海岸带生物礁、滩发育良好,如三亚的大东海、小东海、三亚湾带发育大面积的海岸碳酸盐沉积,且易于到达,是考察现代碳酸盐沉积的理想地区(图8-30)。新世纪以来,由于海岸带开发及其带来的环境污染,海岸带生物礁受到毁灭性破坏。现代海岸带仅见到残余的生物礁坪、碳酸盐海滩岩等。可供选择的碳酸盐海岸考察点包括大东海滨海浴场东侧的残余碳酸盐礁坪、小东海碳酸盐海滩(海滩岩)、残余礁坪、清水湾龙头岭碳酸盐海滩岩、天涯海角残余的生物礁坪等。

图8-30 海南省三亚湾、小东海、大东海岸礁位置图

一、大东海岸礁

沿大东海滨海浴场沿海岸向东即可抵达大东海岸礁。岸礁可以分为潮上带、潮间带、潮下带(图8-31A)。潮上带为一狭窄的海滩,海滩上主要是造礁生物碎屑及石英细砾和粗沙等陆源碎屑。潮间带为平缓的礁坪,低潮期礁坪上可见块状的生物礁岩,主要是已死亡的造礁生物形成的骨架岩(图8-31B~E)。礁坪下部可见少量的球状或朵状活体珊瑚(图8-31F)。潮下带主要分布活体生物,以块状复体球状、枝状珊瑚(鹿角珊瑚)为主,见较多藻类。

A. 礁坪的环境分带；B、C. 礁坪全景；D、E. 礁坪的礁岩碎块；F. 礁坪下部的活体珊瑚

图 8-31 大东海岸礁沉积特征

二、小东海碳酸盐海滩

20 世纪 80 年代小东海南侧原为岸礁，北侧为碳酸盐海滩。现南侧的礁坪破坏

严重，礁坪上仅见大的礁块，罕见活体造礁生物（图8-32）。但北侧的海滩保存较好，礁坪沿岸地带发育良好的海滩岩，可作为海滩岩的考察地点。

图8-32　小东海礁坪和海滩

小东海海滩的后滨—前滨带主要受波浪冲洗作用影响，沉积物主要是生物碎屑，生物碎屑含量占50％以上，包括造礁生物珊瑚碎屑以及其他生物碎屑（如双壳类）（图8-33A、B），其他碎屑主要是细砾级—粗沙级的石英。生物碎屑大小不等，一般为1~5mm，个别可达10mm以上。前滨冲洗带上可见类似碎屑岩海滩的极浅水沉积构造，如水边线、冲刷痕、菱形痕等，断面上可见低角度交错层理，属于冲洗交错层理。

小东海海滩岩主要发育于南侧礁坪的滨岸地区。现为成层的具有一定固结性的沉积物层。可见大量的生物碎屑，主要为枝状珊瑚碎屑。生物碎屑大小不等，既有细小的沙级碎屑，也有粗的砾级碎屑（图8-33C~E）。这些碎屑为胶结物胶结固化，胶结物为结晶方解石（图8-33F）。

三、陵水清水湾龙头岭海滩岩

陵水清水湾龙头岭—赤岭之间的前滨带还发现一套生物碎屑和陆源碎屑混合的海滩岩。海滩岩一般发育于碳酸盐岩海岸，是由准同生成岩作用、胶结作用胶结

A、B. 海滩上的生物碎屑；C. 海滩岩远景；D、E. 海滩岩的近景；F. 海滩岩的胶结物

图 8-33 小东海海滩和海滩岩

碎屑沉积形成的。此处的海滩岩由粗沙—细砾级陆源碎屑（以石英为主）和珊瑚等生物碎屑组成，二者含量各占约 50%。珊瑚碎屑包括块状珊瑚、枝状珊瑚（鹿角珊瑚），块状珊瑚碎屑大小不均等，最大可达 20cm 左右，鹿角珊瑚呈枝状，长度 2~5cm 居多。海滩岩呈薄层状向海倾斜，倾角 15°左右，是早期形成的前滨沉积，由现代钙质胶结作用固结（图 8-34）。

清水湾临滨带位于水下，由于海湾海浪较小，可直接下水感受临滨带的沉积，也可以根据前滨带的沉积推测临滨带的沉积。同时，可直接观察临滨带的海浪变化。

清水湾临滨带外侧的原始波浪复杂而凌乱,由许多对称的独立单波组成。近岸地区才有由小波随机叠加形成的线状波浪。当波浪触及海底,波浪变为不对称的孤立波,向陆逐渐变为起浪花的具有波形的破浪,破浪向陆很快过渡为失去波形的碎浪,碎浪呈席状扑向海岸形成冲浪。根据前滨带沉积物推测,清水湾的临滨带沉积物以中细粒沙为主,其成分成熟度高,以石英为主。沉积物分选好,结构成熟度高。根据破浪带的浪花出现的部位变化,包括不同波浪的破碎位置不一致,斜交海岸的同一破浪的浪花侧向迁移,反映海底存在大致平行于海岸的沙坡和槽谷。

A、B. 海滩岩;C、D. 海滩岩中的生物碎屑

图 8-34　清水湾海滩的海滩岩

四、三亚天涯海角残余的礁坪

天涯海角位于海南省三亚西部三亚湾和红塘湾之间的岬角上,是海南岛著名的 AAAA 级风景区。天涯海角景区面积为 16.4 km², 其中陆域面积 10.4 km², 海域面积为 6 km²。因景区两块巨石分别刻有"天涯""海角"及郭沫若先生题写的"天涯海角游览区"而得名。天涯海角的自然景观由大型海蚀柱、岸礁骨架岩、沙滩和海水组成。

天涯海角景区中部，分布有 100m 左右的早期形成的岸礁沉积，可见保存完好的各类复体珊瑚，包括蜂窝珊瑚、脑纹珊瑚等（图 8-35）。这些珊瑚形成致密的生物骨架，并为胶结物固结，为典型的骨架岩。

图 8-35　天涯海角景区残余的岸礁珊瑚及其形成的骨架岩

主要参考文献

丁一汇,赵深铭,傅秀琴,1988.5—10月全球热带和副热带200hPa多年平均环流的研究(二)——行星风系[J].大气科学,12(3):242-249.

杜远生,杨江海,余文超,等,2022.沉积地质学基础[M].武汉:中国地质大学出版社.

海南省地质矿产局,1996.海南省岩石地层[M].武汉:中国地质大学出版社.

海南省地质矿产局,2022.海南省地质志[M].北京:地质出版社.

赖内克 H E,辛格 I B,1979.陆源碎屑沉积环境[M].陈昌明,李继亮,译.北京:石油工业出版社.

李泽文,范斌,2016.海南岛东南近岸海浪观测及统计特征[J].海洋科学进展,34(1):1-9.

陶奎元,2012.中国雷琼·海口火山群:世界地质公园研究[M].南京:东南大学出版社.

王存忠,2006.台风名词探源及其命名原则[J].中国科技术语,8(2):58.

许士杰,1988.海南省:自然、历史、现状和未来[M].北京:商务印书馆.

GALLOWAY W E,1975. Process framework for describing the morphologic and stratigraphic evolution of the delta lic depositional system[J]. Houston Geological Society,87-98.

JAMES N P,1984. Introduction to Carbonate Facies Models[J]. Geoscience Canada,4(3):123-125.

STEPHEN MARSHAK,2019. Essentials of Geology[M]. New York:W. W. Norton & Company.

SCHOLLE P A,Spearing D,1982. Sandstons Depositional Environments[M]. Tulsa:The American Association of Petroleum Geologists,Memoir 31.

WRIGHT L D,1977. Sediment transport and deposititon at river mouths:A synthesis[J]. Geol. Soc. America Bull,88:857-869.

XU Y J,PETER A C,ZHANG H C,et al.,2020. The Mesoproterozoic Baoban Complex,South China:A missing fragment of western Laurentian lithosphere[J]. GSA Bulletin,132(7/8):1404-1418.